Feiern
wer wir sind

Feiern
wer wir sind

Überarbeitete Mitschriften von
Kursen zum "Kopflosen Weg"

RICHARD LANG

Übersetzung von
Hildegard Franke

The Shollond Trust
London

Herausgegeben von The Shollond Trust
87B Cazenove Road, London, N16 6BB, United Kingdom.
www.headless.org
headexchange@gn.apc.org

Der Shollond Trust ist ein eingetragener gemeinnütziger Verein in
Großbritannien, registriert unter der Nummer 1059551

ISBN 978-1-908774-68-2

Übersetzung von Hildegard Franke
Illustrationen von Victor Lunn-Rockliffe
Umschlaggestaltung durch rangsgraphics.com
Innengestaltung von Richard Lang

Für Joy und Dale

Inhalt

Einführung

Zwischen 2011 und 2015 zeichnete Dale Shimizu zehn meiner Workshops auf. Anfang des Jahres 2016 schickte mir Dale die Tonaufnahmen und regte an, dass die darin enthaltenen Fragen, Reaktionen und Interaktionen auch für andere Menschen von Wert sein könnten, die daran interessiert sind, zu sehen, wer sie wirklich sind. Ich fing an, mir das Material anzuhören und stellte fest, dass sie recht hatte. Also transskribierte und bearbeitete ich die Aufnahmen und stellte sie in Form eines Workshops zusammen—dieses Buch entstand.

Während du liest, wirst du durch die Experimente des Kopflosen Weges geführt—sie zeigen direkt auf dein wahres Selbst. Hoffentlich empfindest du es so, als würdest du an einem Workshop teilnehmen und gemeinsam mit anderen die Erfahrung und Bedeutung dessen, der du wirklich bist, entdecken. Du wirst sehen, wie unterschiedliche Menschen auf diese neutrale, nicht-verbale Erfahrung auf unterschiedliche Weise reagieren—von einem Ende des Spektrums bis zum anderen!

Ein Workshop führt unsere Aufmerksamkeit zu unserem wahren Selbst und hält diese Erfahrung im Vordergrund. Wenn du für den, der du wirklich bist, wach bleiben möchtest, gibt es nichts besseres, als mit anderen, die ebenfalls Sehen, Zeit zu verbringen. Es ist hochgradig ansteckend. Ich hoffe, dieses Buch steckt dich an!

Der Kopflose Weg wurde von dem britischen Philosophen Douglas Harding (1909—2007) entwickelt. Bald nachdem ich Douglas 1970 (ich war 17) kennengelernt hatte, wusste ich, dass ich dabei helfen wollte, das Sehen auf der ganzen Welt zu verbreiten. Obwohl ich nicht viel Erfahrung mit anderen spirituellen Wegen hatte, sah ich, dass der Kopflose Weg überraschend direkt und effektiv ist. Er war etwas Besonderes, eine neue Entwicklung, ein Durchbruch im Bereich dessen, die Erfahrung unseres wahren Selbst schnell und einfach erfahrbar zu machen. Douglas fand viele Freunde, denen die Einfachheit und Effektivität seiner

1

„Experimente" gefielen, ein lockeres Netzwerk von Freunden, für die Sehen natürlich und normal war. Während das Sehen weiter bekannt wird, wächst diese Gemeinschaft langsam an. Wenn du Freunde möchtest, die ihr wahres Selbst wertschätzen—sie sind da. Es liegt an dir, den Kontakt zu knüpfen.

Im Rückblick auf das Werk Douglas Hardings sehe ich, dass die Art und Weise, wie er das Sehen nahebrachte, sich über die Jahre hinweg entwickelte—zum Beispiel war die Entwicklung der Experimente in den späten 60ern und frühen 70ern eine große Veränderung in seiner Art der Darbietung. Während ich die Arbeit fortsetze, auf unser wahres Selbst zu zeigen, indem ich die Experimente nutze, sehe ich, wie sich mein eigener Stil ebenfalls weiterentwickelt. Zum Beispiel dachte ich naiverweise, dass sich dadurch, dass ich mir meines wahren Selbst bewusst bin, meine Wahrnehmung der Getrenntheit auflösen würde, die die Ursache von so vielem, wenn nicht sogar von all meinem Leiden, ist. Aber ich habe inzwischen erkannt, dass dieses Gefühl der Getrenntheit nicht nur nicht verschwindet, es ist in Wirklichkeit sogar ein großer Segen. Dieses tiefere Bewusstsein des Wertes von beiden Seiten unseres Wesens—des selbst wie des Selbst—spiegelt sich in diesem Buch wider.

In den letzten Jahren ist mir auch die Wichtigkeit und Kraft, die darin liegt, diese Wirklichkeit an andere weiterzugeben, bewusster geworden. Wie du sehen wirst, lade ich in einem Workshop die Teilnehmenden dazu ein, sich ihre jeweilige Erfahrung ihres wahren Selbst gegenseitig mitzuteilen. Das Erkennen unserer gemeinsamen Identität ist eine wunderschöne, grundlegend respektvolle und liebevolle Sache. Tatsächlich kann ich mir keine größere Anerkennung vorstellen, die ich einem anderen Menschen zuteil werden lassen könnte, als das Anerkennen dessen, der er wirklich ist.

In seinem großartigen Buch „Die Hierarchie von Himmel & Erde", regte Douglas Harding mit seiner für ihn charakteristischen Bescheidenheit an, dass die Karte unseres Platzes im Universum, die in diesem Buch präsentiert wurde, nichts weiter wäre, als eine Skizze und er lud andere dazu ein, diese Skizze mithilfe detaillierter Forschung weiter auszuführen. Dieses Buch ist so voller wunderbarer Details, dass ich mich, als ich es zum ersten Mal las, fragte, was er mit weiterer Forschung meinte. Aber in seinen späteren Büchern machte Harding selbst einige dieser Nachforschungen—indem er schaute, wie Sehen in unterschiedlichen Lebensbereichen wirkt. Zum Beispiel untersucht sein Artikel „Das Gesichts-Spiel" (und sein gleichnamiges Buch) den Beitrag, den das Sehen für die Transaktionsanalyse leistet. Wie du in diesem Buch herausfinden wirst, habe ich auf meine eigene Weise die Erforschung der Wirkungsweise des Sehens fortgesetzt, insbesondere in Bezug auf Hardings Idee der vier hauptsächlichen Stufen der persönlichen Entwicklung—der Säugling, das Kind, der Erwachsene und der Sehende.

Aber ich habe genug gesagt im Hinblick auf eine Einführung. Nun möchte ich dich einladen, am Workshop teilzunehmen. Steig ein. Gönne dir ein Abenteuer!

Richard Lang

Kapitel 1

Direkt zur Erfahrung

Richard: An dieser Stelle wird mir gerade klar, dass ich mir noch überhaupt nichts zu diesem Workshop überlegt habe!

Sarah: Gut. Also wirst du auch überrascht werden.

Richard: Genau! In diesem Workshop geht es darum, wer wir wirklich sind—zu sehen, wer wir sind und ein bisschen darum zu verstehen, wer wir wirklich sind, aber das Verstehen wird für jeden von uns unterschiedlich sein.

Wahrscheinlich hat jeder von euch schon mal etwas über sein wahres Selbst in irgendeiner Form gehört. Dieser Workshop bietet einen modernen Zugang zu der Frage: „Wer bin ich?" Ihr werdet einen neuen Blick auf euch selbst werfen. Ihr werdet denjenigen anschauen, der da auf eurem Stuhl sitzt—von eurem Blickwinkel aus. Ihr habt alle Informationen, die ihr für diese Erkundung braucht, denn der "Forschungsgegenstand" sitzt auf eurem jeweiligen Stuhl!

Ich möchte, dass jeder auf etwas sehr Einfaches und Offensichtliches, sich selbst Betreffendes achtet—du kannst dein eigenes Gesicht nicht sehen. Kann irgendeiner von euch sein eigenes Gesicht sehen? Ich kann's nicht. Da ist ein Gesicht, das ich nicht in dieser Gruppe sehe und das ist Richards. Es gibt ein Gesicht, das jeder von euch nicht in dieser Gruppe sehen kann und das ist sein eigenes.

Wir fangen visuell an—indem ihr darauf achtet, dass ihr euer eigenes Gesicht nicht sehen könnt. Wir lenken unsere Aufmerksamkeit auf diese einfache Tatsache. Das ist so einfach, dass ihr es nicht falsch machen könnt. Den ganzen Tag über geht es darum, eure Aufmerksamkeit auf diese Perspektive zu lenken—zu dem, was wir—von unserem eigenen Blickwinkel aus gesehen—sind.

Ich bin heute hier als Freund, der diese Erfahrung, wer wir wirklich sind, mit euch teilt und um die verschiedenen Reaktionen darauf zu untersuchen.

Haltet eure Hände so vor euch ausgestreckt. Ihr seht eure Hände und den Raum dahinter.

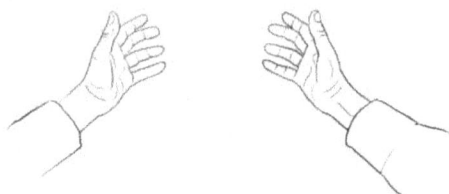

Bewege deine Hände langsam auf dich zu. Deine Hände werden größer.

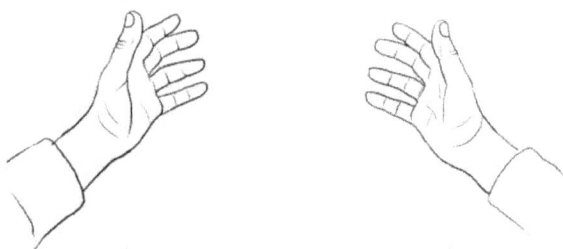

Bewege sie an jeder Seite deines Kopfes vorbei. Deine Finger verschwinden, dann verschwinden deine Hände bis hin zu deinen Handgelenken.

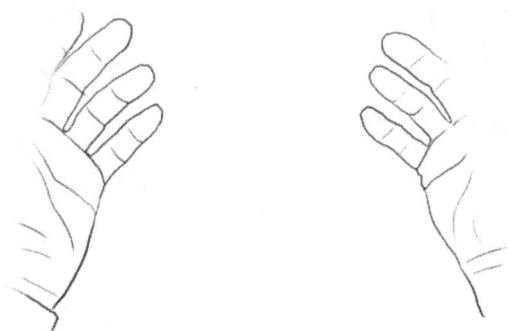

Bewege jetzt deine Hände nach vorne, so dass du sie wieder sehen kannst.

Sie kommen aus dem "Nichts". Ich nenne es die "große Leere", die Leerheit, in der alles stattfindet, die Stille, aus der die Geräusche kommen. Nenne es so, wie du möchtest. Meistens bedeutet es die Welt für mich, manchmal bedeutet es auch überhaupt nichts! Auch heute geht es nicht darum, eine bestimmte Sichtweise einzunehmen, sondern darum, unsere einzigartigen Reaktionen auf diese Erfahrung zu untersuchen. Du kannst nichts falsch machen. Du kannst weder bei deiner Erfahrung noch bei deiner Reaktion darauf etwas verkehrt machen.

Lasst uns das noch einmal wiederholen. Es ist eine Meditation. Es ist nicht etwas, was du lernst. Es ist nicht etwas, was du einmal siehst und dann nur darüber nachdenkst oder dich erinnerst, sondern etwas, auf das du immer wieder deine Aufmerksamkeit richten kannst. Du schaust—für dich selbst und nach dir selbst. Es bedeutet, dich um deine Sichtweise deiner selbst zu kümmern, die Sichtweise der ersten Person. Deine Sichtweise von dir selbst wird unterschiedlich davon sein, wie andere dich sehen.

Bewege deine Hände nochmals an den Seiten deines Kopfes entlang. Deine Hände werden riesig und dann verschwinden sie im Nichts—völlig schmerzlos. Du richtest deine Aufmerksamkeit auf den Ort, von dem aus du herausschaust. Du siehst diesen geheimen

Ort, als wäre es zum allerersten Mal. Wie klar und leer und weit er ist. Wie still und ruhig. Jetzt hole deine Hände wieder nach vorne—wie Zauberei erscheinen sie aus dem Nichts, aus diesem geheimnisvollen Bewusstsein. Das ist die offensichtlichste Sache der Welt. Es könnte gar nicht offensichtlicher sein.

Dale: Als ich dieses Experiment zum ersten Mal machte, vielleicht vor 10 Jahren—ich glaube, es war in Douglas' Buch, dass ich zum ersten Mal davon las—war da ein unmittelbarer Wechsel. Ich fühlte Bewusstsein. Ganz plötzlich hatte ich es aus dem Hintergrund in den Vordergrund geholt. Das war nicht zu leugnen.

Richard: Ja, klares, grenzenloses Bewusstsein wird erfahrbar. Haltet eure Hände nochmal vor euch und schaut euch den Raum zwischen euren Händen an. Es ist ein kleiner Zwischenraum. Wenn du deine Hände näher zu dir bewegst, wird der Raum zwischen deinen Händen gößer und größer, bis du zu dem Augenblick kommst, genau bevor deine Hände in der Leere verschwinden. Der Raum zwischen deinen Händen ist jetzt so groß wie das Zimmer. Ist das wahr? Ja. Und wenn du deine Hände in die Leere bewegst, dann verschwindet die Grenze und der Raum wird unendlich. Unendlich weit.

Das ist eine nicht-sprachliche Erfahrung. Sie muss nichts bedeuten. Es ist auch eine nicht-emotionale Erfahrung. Es geht nicht darum, ob sich das gut oder schlecht anfühlt. Du wirst eine andere Reaktion auf diese Erfahrung haben als ich. Toll! Es gibt keine richtige Reaktion, keine richtigen Gedanken oder richtiges Verstehen oder Gefühl. Es ist eine neutrale Erfahrung. Das klingt einerseits nicht besonders attraktiv, ist aber andererseits eine ihrer großen Stärken, was wir, denke ich, noch entdecken werden. Sie ist unabhängig von dem, was du fühlst.

Ihr müsst nichts von dem, was ich sage, glauben. Jeder ist seine eigene Autorität. Wir müssen Worte benutzen, um uns zu verständigen, aber die Worte sind nicht die Sache selbst. Ich könnte dies „die Leere" nennen, der „weite Raum", „Leerheit", das „wahre Selbst", „Offenheit", „Klarheit", „Stille", der „Ort, von dem aus ich herausschaue", mein „Nicht-Gesicht", mein „Nicht-Kopf"... Weil wir die Erfahrung haben, weil ihr es nicht falsch machen könnt, haben wir die Freiheit, verschiedene Worte zu benutzen—wir müssen uns nicht auf eine Art der Beschreibung festlegen.

Wie lange dauert es, um festzustellen, dass du dein Gesicht nicht sehen kannst? Wie schnell kannst du nach Hause kommen? Kennt ihr die Werbung für Autos, in der immer gesagt wird, wie schnell sie von Null auf Hundert beschleunigen können? Je schneller, desto besser natürlich. Der „kopflose Weg" ist wie ein schnelles Auto! Es ist ein spiritueller Weg auf der Überholspur. Steckt eure Hände in die Leere. Das dauert nicht lange, oder? Die Experimente sind ein Durchbruch. Der „kopflose Weg" ist einzigartig—er benutzt Experimente, die andere spirituelle Wege nicht nutzen. Wir berechnen ganz schön viel, wenn ihr sie nutzen wollt—alle Experimente sind patentiert. Ich mache Witze!

Wir beginnen visuell, aber wir werden das alles auch im Zusammenhang mit den anderen Sinnen betrachten, wie es im Verhältnis zu Gedanken und Gefühlen steht, wie es sich in unserem Leben auswirkt, wie wir dranbleiben usw.

Wir haben den ganzen Tag vor uns. Wir bleiben noch ein bisschen länger bei den visuellen Experimenten—das ist ein guter Start, denn es ist einfach darüber zu reden, wer wir wirklich sind, indem wir das Sehen nutzen. Von Anfang an kann euch etwas bewusst sein, das mit dieser Beobachtung einhergeht—denn, wenn du dein Gesicht nicht siehst, was siehst du stattdessen?

David: Alle anderen Gesichter um dich herum.

Richard: Ja. Wir können das „Gesichter tauschen" nennen. Du hast jetzt Richards Gesicht und ich habe deins. Jedesmal, wenn du jemand anders anschaust, nimmst du sein Gesicht und gibst dein eigenes ab. Anstrengungslos. Sogar ohne irgendetwas begreifen zu müssen. Es ist einfach, wie es ist. Du bist so gemacht: offen für andere. Weit offen, klar, auf vollkommen sichere Art und Weise. Ohne Worte und völlig offensichtlich. Du musst nicht irgendetwas verstehen, um es zu sehen, oder? Nein. Du musst auch nichts

Bestimmtes fühlen, um es zu sehen. Es ist unglaublich. Es ist toll.

Dale: Was mir an diesem Ansatz besonders gefällt, ist die Unmittelbarkeit des Erkennens. An diesem Ort—eigentlich an diesem „Nicht-Ort"—anzufangen, ist sehr wichtig, denn die Verwirrung, die davon kommt, dass man sich damit identifiziert, ein Suchender zu sein und so weiter, wird völlig zerstreut durch die Unmittelbarkeit, mit der man es für sich selbst sieht. Das nicht-sprachliche Darauf-zeigen ist wunderbar. Dann ergibt das „de-konstruierende Selbst-Erkunden" und alles andere, das man hinterher hört, einen Sinn. Aber wenn du diese direkte Erfahrung nicht hast, bleibt dieses Zeug nichts weiter als Gedanken von außen. Es dringt nicht zum Kern vor.

Richard: Danke. Wir bleiben den ganzen Tag über fortlaufend im Gespräch über all dies. Wir machen viele experimentelle Dinge und ich hoffe, ihr habt das Gefühl, dass es gut ankommt, wenn ihr eure Reaktionen, während wir weitermachen, mitteilt, denn es ist inspirierend für jeden, die Reaktionen unterschiedlicher Leute zu hören. Das Eine hört sich selbst gerne mit vielen unterschiedlichen Stimmen reden. Wie ich schon sagte, jeder reagiert anders. Ich begrüße das. Wir sind nicht hier, um miteinander einverstanden zu sein. Das können wir gleich mal aus dem Weg räumen!

Anne: Das gefällt mir!

Richard: Besonders in Bezug auf mich—seid nicht einverstanden mit dem, was ich sage! Was wir hier in erster Linie machen, ist, sich bewusst zu werden, wie es ist, sich selbst zu sein. Das könnt ihr nicht falsch machen. Ihr seid der perfekte Ausgangspunkt, um zu sehen, was ihr in eurer Mitte seid! Dieser Ansatz ist experimentell, er ist modern, einfach und direkt. Und die beste Art, damit während des Workshops klarzukommen, ist, offen zu sein. Entspannt euch, so gut ihr könnt und seid offen und neugierig.

Wie ich schon sagte, ich werde euch ermuntern, heute eure Stimmen zu benutzen, eure Beobachtungen dessen, wer ihr wirklich seid, öffentlich zu bekräftigen. Das Bewusstsein dessen, wer wir wirklich sind, wächst, wenn wir es in den Vordergrund holen und benennen. Siehst du gerade dein eigenes Gesicht?

Michael: Nein!

Richard: Siehst du stattdessen die von allen anderen?

Michael: Ja!

Richard: Ich bitte euch nicht darum, irgendetwas zu sagen, das nicht wahr ist. Wenn etwas nicht wahr ist für euch, dann sagt es nicht. Ganz offensichtlich können andere dein Gesicht sehen und du kannst es im Spiegel sehen und du kannst es dir vorstellen, aber du kannst es nicht in deiner Mitte sehen. Ich kann meins nicht hier in meiner eigenen Mitte sehen. Das ist ganz offensichtlich, oder? Unglaublich offensichtlich. Wir fangen nicht mit einer schwierigen, mystischen Theorie an. Wir machen etwas, was ein Fünfjähriger machen könnte.

Offenbar könnt ihr eure Nase sehen. Wenn du ein Auge zumachst, ist deine Nase ziemlich groß—tatsächlich hast du die größte Nase hier im Raum. Sie reicht von der Decke bis zum Boden. Aber sie ist nirgends befestigt. Sie kommt aus dem Nichts.

Falls einer gerade denkt: „Oh mein Gott, wo um alles in der Welt bin ich da heute hingeraten?"—ganz einfach. Wir beobachten, wie es ist, sich selbst zu sein. Wir bemerken den Unterschied zwischen unserem öffentlichen Wesen—also wie wir für andere erscheinen— und unserem persönlichen Wesen—also, wie wir für uns selbst sind. Nur du selbst kannst sehen, was du für dich selbst bist. Es ist ein Geheimnis. Ein Grund, warum ich mein wahres Selbst unterschätze, ist, dass niemand anders es sehen kann. Ich denke, ich habe unrecht und alle anderen haben recht, weil ich der einzige bin, der meine Gesichtslosigkeit sehen kann. Alle anderen erzählen mir, dass ich hier ein Gesicht habe. Ihr seid zwanzig Leute hier im Raum und ich bin nur einer, also habt ihr die Mehrheit. Die Wirklichkeit meiner Gesichtslosigkeit wird mir ausgeredet. Aber ich stelle das jetzt ganz klar. Ihr habt recht, von da aus gesehen, habe ich ein Gesicht für euch—und ich habe recht, von hier aus gesehen, habe ich für mich selbst keins. Dieser Unterschied zwischen deinem persönlichen und öffentlichen Wesen ist unglaublich. Ich schaue aus meinem

Nicht-Gesicht heraus und nehme eure Gesichter auf, ich nehme die Welt auf—ich bin Raum für die ganze Welt!

Lasst mich von Anfang an klarstellen, dass zu sehen, wer du wirklich bist, nicht unbedingt einen „Wow-Effekt" hat. Du achtest einfach bewusst darauf, wie es ist, du selbst zu sein, egal was du fühlst. Wenn du keinen „Wow-Effekt" erlebst, ist das okay, du siehst trotzdem, wer du wirklich bist.

Joy: Ich verstehe da etwas nicht.

Richard: Glaube ich nicht. Kannst du dein Gesicht sehen?

Joy: Nein.

Richard: Das ist es. Wie ich schon sagte, wir unterscheiden zwischen dieser einfachen Wahrnehmung und wie wir darauf reagieren oder was es für uns bedeutet. Du machst die Erfahrung, aber was sie für dich bedeutet, ist unterschiedlich von dem, was es für mich oder Dale bedeutet oder für irgendjemand anderen. Vielleicht hat es sogar überhaupt keine Bedeutung für dich. Wir unterscheiden also zwischen unseren Reaktionen und der Erfahrung. Der Grundgedanke des Workshops ist es, diese Erfahrung aus unterschiedlichen Richtungen anzugehen, nicht nur visuell, sondern auch nicht-visuell und uns damit den Tag über zu beschäftigen und zu sehen, was es für uns bedeutet—wenn überhaupt. Aber ich kann euch versichern, dass ihr die Erfahrung macht, denn ihr könnt eure eigenen Gesichter nicht sehen. Wenn ihr mich jetzt anschaut, wessen Gesicht seht ihr dann?

Joy: Deins!

Richard: Ja. Also sagen wir, wir sind „Gesicht zu Nicht-Gesicht". Ist das wahr? Ja. Also, du hast jetzt Richards Gesicht und nicht das von Joy, oder? Ist das nicht wunderschön?

Dale: Ich weiß nicht, ob sich Joy daran erinnert—ich hatte mal ein sehr tiefgreifendes Erlebnis dieser Gesicht-zu-Nicht-Gesicht-Erfahrung. Ich schaute in den Spiegel und plötzlich hatte ich diese tiefgreifende Erfahrung, dass hier kein Kopf war und dort ein Gesicht. Es haute wirklich rein. Dann bemerkte ich die Besonderheiten von der im Spiegel auf eine sehr distanzierte Art und

Weise. Dann entschuldigte ich mich bei Joy, indem ich sagte: „Tut mir leid, dass du die da sehen musst, ich nämlich nicht!" Ich hatte Mitleid mit ihr! Ich habe den besseren Teil des Tauschs erwischt!

Richard: Ja, wie dieser Limerick, der Woodrow Wilson zugeschrieben wird:

> Als Schönheit bin ich kein Star,
> da gibt's andere, die sind viel schöner als ich—
> Aber mein Gesicht ist mir egal,
> denn ich bin ja dahinter!
> Und die davor bekommen nur die Hülle.

Ich werde die Erfahrung der Gesichtslosigkeit in verschiedenen Zusammenhängen aufzeigen. Erstens, denkt daran, was die großen spirituellen Traditionen sagen. Wenn du sie herunterbrichst auf ihren wesentlichen Kern, sagen sie eine Sache, nämlich, dass genau da, wo du bist, ein Wunder ist. Dieses Wunder wurde nicht geboren und wird nicht sterben. Alles kommt und geht, außer diesem Wunder, dem Wunder des Seins—dem Wunder des EINEN Selbst. Die großen Mystiker behaupten, dass du das Eine Selbst bist, dieses Wunder—in dir ist das himmlische Königreich, Gott, der Alleinige. Was für eine außerordentliche Behauptung! Heute in diesem Workshop werden wir ausprobieren, ob diese Behauptung stimmt. Die großen Mystiker sagen, dass sich die meisten Menschen gar nicht dessen bewusst sind, wer sie wirklich sind. Sie sagen, dass es unglaublich sei, dass sich die Menschen dessen nicht bewusst sind, weil es so offensichtlich ist—du musst eigentlich betrunken sein, um es nicht zu sehen. Aber wenn du es siehst und wenn du bewusst daraus heraus lebst, wer du wirklich bist, ist das lebensverändernd. Das ist das Versprechen, es liegt an jedem von uns selbst, diese Behauptung zu testen, dieses Versprechen.

Kapitel 2

Die Zwiebel schälen

Richard: Hier ist ein Modell des Selbst, das Douglas Harding in den 70ern entworfen hat—der „Erforscher des DUniversums". (Douglas Harding hat die Philosophie des Kopflosen Weges erarbeitet und die Experimente entwickelt.) Dieses Modell zeigt, dass, was du bist, davon abhängt, von wo aus dich jemand betrachtet.

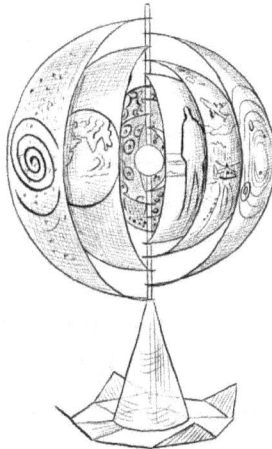

Ihr schaut mich gerade aus einigen Metern Entfernung an und seht daher eine Person, aber wenn ihr mit den entsprechenden Instrumenten näher kommt, findet ihr statt meiner menschlichen Erscheinung ein Stück Haut und dann Zellen. Wenn ihr euch meinen Zellen nähert, findet ihr als nächstes Moleküle. Das ist, wie wenn man eine Zwiebel schält. Wenn ihr euch meinen Molekülen nähert—ich verschwinde jetzt ganz schnell!—seht ihr Partikel. Ihr bewegt euch nach innen in Richtung des Nichts in meiner Mitte. Ihr könnt sehr nahe kommen, aber niemals direkt zu mir hierher, in null Entfernung und sehen, was ich hier bin. Aber ich bin hier und sehe, dass ich Nichts bin.

Wenn ihr euch stattdessen von mir wegbewegt, seht ihr irgendwann Levittown, dann Amerika, dann den Planeten und den Stern. All das sind Erscheinungen von mir und von dir, von euch, von uns. Es ist wunderschön. All das sind Schichten unseres Körpers. Wir brauchen jede dieser Schichten, um hier zu sitzen und atmen zu können. Ich brauche meine Lungen, ich brauche die Zellen, aus denen meine Lungen bestehen. Ich brauche auch die Atmosphäre, das Sonnenlicht... Es ist ein einziges wunderschönes lebendiges System. Es funktioniert. Das ist, wer wir sind. Erstaunlich. Dies ist eine neue Art, uns selbst wertzuschätzen. Wir müssen mit der Wissenschaft Schritt halten, mit dem, was sie uns über uns selbst sagt.

Die Wissenschaft spiegelt nicht nur unseren vielschichtigen Körper wider, wir selbst identifizieren uns mit vielen dieser Schichten. Ich identifziere mich damit, Richard zu sein, damit, Engländer zu sein, Europäer, planetarisch zu sein—hoffentlich identifiziere ich mich auch manchmal mit meinem Planeten. Dann dehne ich mich aus, um mit meinem Stern zu fühlen. Wenn wir von einem anderen Stern angegriffen werden würden—wenn es einen Krieg der Sterne gäbe—wäre unser Stern in Gefahr. Dann würde ich mich in Gefahr fühlen. Dann im nächsten Moment identifiziere ich mich vielleicht mit meinem Fußballverein—ich ziehe mich zusammen. Einen Moment sorge ich mich um mein Sonnensystem, im nächsten Moment denke ich über das verpasste Tor nach. Dann über mein schmerzendes Knie, dann über den Zustand der Wirtschaft! Die ganze Zeit dehnen wir uns aus und ziehen uns wieder zusammen.

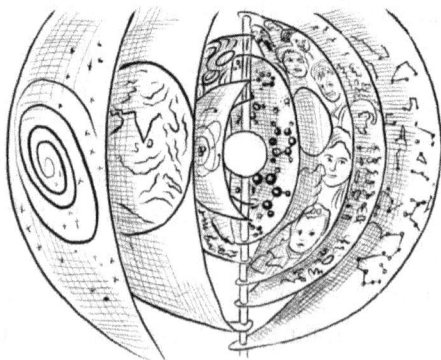

Die Bilder auf den Außenseiten der Schichten des Modells zeigen, als was dich andere aus unterschiedlichen Entfernungen wahrnehmen. Die Bilder auf den Innenseiten zeigen deine Sichtweise nach außen aus deinem zentralen Nichts heraus. Wenn du nur ein bisschen herausschaust, dann siehst du deine Nase und den Rest deines kopflosen Körpers. Wenn du weiter schaust, siehst du andere Menschen. Noch weiter, siehst du Gebäude, Wolken, dann den Mond, die Sterne, Galaxien. Der Blick nach außen, von deiner leeren Mitte aus, besteht genauso aus Schichten, wie der Blick nach innen. Es ist eine wunderschöne Anordnung. Wenn ich also sage, dass ich nach innen zu meiner Mitte schaue, dann meine ich die Mitte all dieser Schichten. Dieses Modell stellt die Erfahrung deines zentralen Nicht-Seins in Zusammenhang mit deinem wunderschönen, vielschichtigen Körper-Geist. Wir sind noch nicht wirklich zur Erfahrung unseres vielschichtigen Körper-Geistes erwacht. Wir kennen ihn bruchstückhaft und sehen uns selbst als einen kleinen Teil davon, aber wenn wir jetzt dieses Modell ansehen, verstehen wir, dass es ein lebendiger Organismus ist.

Die wichtigste Frage, die wir uns heute stellen, lautet: „Wer oder was ist in der Mitte all dieser Schichten?" Andere können dir sagen, wie dein Körper aus all diesen unterschiedlichen Entfernungen aussieht—dein wunderschöner Körper—aber niemand kann dir sagen, was du in der Mitte all dieser Schichten bist, außer dir selbst, denn nur du befindest dich dort. Der durchsichtige Bereich in der Mitte des Modells zeigt dich in null Entfernung. Das Ziel unserer Experimente ist es, unsere Aufmerksamkeit auf die Mitte all unserer Schichten zu richten—die Wirklichkeit hinter all unseren Erscheinungen zu betrachten. Die großen Mystiker der Welt sagen, dass du in der Mitte das Eine bist, die Quelle, Gott. Wenn ich hier aus null Entfernung schaue, finde ich mein Gesicht nicht oder etwas anderes—ich finde diese Offenheit, die gefüllt ist mit dem vielschichtigen Universum. Ich beweise jetzt, dass die Mystiker recht hatten!

Bewege deine Hände zu dem Ort zurück, von dem aus du herausschaust. Hier bist du leer und klar. Hier bist du offensichtlich bewusst, wach. Hier kannst du sagen: „Ja, ICH BIN."

Dale: Als Richard es eingeführt hat, hat mir dieses Modell wirklich geholfen, eine Menge Dinge zu verbinden, die ich hinterfragt habe. Offensichtlich ist die spirituelle Frage: „Wer oder was ist wirklich hier?" Ich war anfangs überhaupt nicht auf einem spirituellen Weg und dies, meine Erscheinung, war die einzige Wirklichkeit für mich. Und das ist auch alles, was ich von euch sehen konnte. Ihr seid auch so. Ich wusste etwas über die anderen Dimensionen—je näher ich kam, um so mehr verschwand ich. Aber zu diesem Zeitpunkt kannte ich noch immer nicht diese Mitte. Ich finde, dass viele Leute sich vorwiegend mit einer dieser Dimensionen beschäftigen, mehr als mit den anderen. Der Biologe scheint sich mehr mit dieser zellulären Schicht zu beschäftigen, der Psychologe mehr mit der menschlichen, ein Ökologe mit einer anderen. Jeder hat ein Stück vom Kuchen. Aber keiner hinterfragte dieses eine da in der Mitte. Das wurde immer von mir übersehen, weil es nicht so wie die anderen ist, in dem Sinne, dass es nie kommt und geht, es hat keine Form, keine Farbe. Wie können wir die Aufmerksamkeit auf diese Wirklichkeit lenken? Deshalb machen wir die Experimente. Es ist toll. Ich kann nicht sehen, was hier ist. Es ist sehr einfach und doch erscheint keine der anderen Schichten außerhalb dieses Raumes. Ich hatte noch nie eine Erfahrung außerhalb dieser Möglichkeit. Dieses Modelll ist toll. Die Art und Weise wie es alles zusammenbringt. Darüber könnte man endlos nachsinnen.

Kapitel 3

Das Zeige-Experiment

Richard: Hier ist ein einfaches Experiment, um zu überprüfen, was die großen spirituellen Meister darüber sagen, wer wir wirklich in unserer Mitte sind, um zu sehen, ob das, was sie sagen, wirklich wahr ist. Wir werden auf uns selbst zeigen und hinschauen und sehen, was wir sind. Wie einfach das ist! Zuerst richten wir unsere Aufmerksamkeit auf Dinge, die weiter weg sind, dann auf Dinge, die näher sind, dann genau auf den Ort, von dem aus wir herausschauen.

Für diese Übung braucht ihr einen Finger. Hat jeder einen Finger? Habt ihr ihn mitgebracht? Ich weiß gar nicht, ob wir den auf der Liste der Sachen hatten, die ihr mitbringen solltet!

Zuerst zeigt auf den Boden. Der Grund für das Zeigen ist, eure Aufmerksamkeit gezielt auszurichten. Schau auf das, worauf du zeigst. Du siehst die Farben und Formen dort. Es ist ein Ding, ein Objekt. Das ist einfach und offensichtlich—du musst niemand anders fragen, was da ist, du siehst es selbst.

Jetzt zeige auf deinen Schuh—das ist auch ein Ding. Du brauchst nicht zu verstehen, wie dein Schuh gemacht wurde, um ihn zu sehen, du schaust einfach. Zeige auf dein Knie—auch das ist ein Ding.

Zeige auf deinen Oberkörper. Du siehst Farben und Formen und vielleicht die Bewegung deines Atems dort.

Jetzt halte deinen Finger vor dir ausgestreckt und zeige zurück, dahin, wo andere dein Gesicht sehen. Was siehst du da, wo du hinzeigst?

Du siehst nicht dein Gesicht, oder? Nein. Du zeigst auf einen ganz besonderen Ort, den Ort, von dem aus du herausschaust.

Du brauchst niemand anders zu fragen, was da ist, denn du kannst für dich selbst schauen. Tatsächlich besitzt keiner die Autorität, dir zu sagen, was da ist, weil sie alle einige Meter entfernt sind, während du allein dort bist. Du bist der einzige auf deiner Seite deines Fingers. Jeder andere wird sagen, dass du auf dein Gesicht zeigst—das ist, was sie aus einiger Entfernung sehen. Aber du bist auf deiner Seite deines Fingers, in null Enfernung. Was siehst du da? Ich sehe kein Gesicht hier—keine Farben, keine Formen, keine Bewegung, keine Begrenzung, kein Alter—nichts.

Du bist dein eigener Fachmann, wenn es darum geht, wie es genau da ist, wo du bist, dem Ort von dem aus du herausschaust, dem Ort, von dem aus du lebst. Bist du dort klein oder bist du grenzenlos? Ich bin grenzenlos, ruhig, still.

Brauchst du einen Namen dafür, um es sehen zu können? Nein. Musst du verstehen, wie es gemacht wurde? Nein.

Dies ist eine nicht-sprachliche Erfahrung. Du kannst sie beschreiben, wie du möchtest.—Weil wir die Erfahrung machen, können wir die Worte benutzen, die für uns sinnvoll sind. Also, drei oder vier von euch, wie würdet ihr es beschreiben?

Teilnehmer: Nichts. Frustrierend. Wie eine Spiegelung. Ein Fenster. Transparenz. Ausdehnung. Geheimnis.

Zwei-seitiges Zeigen

Benutzt jetzt den Zeigefinger der anderen Hand, um gleichzeitig nach außen zu zeigen.

Dieser Finger zeigt in den Raum. Er zeigt auf tausende Farben und Formen und Bewegungen und so weiter. Das weist darauf hin, dass dieser Raum, der du in deiner Mitte bist, nicht einfach leer, sondern auch voll ist. Wirklich? Ja. Es ist ein gefüllter Raum. Er ist leer, um gefüllt zu werden. Jetzt im Moment ist er voll von diesem Zimmer und all den Leuten darin. Er ist auch voll von Geräuschen und Gefühlen und Gedanken. In dieser Richtung nach außen ist er voller Leben und Farbe und allem.

Diese Geste des zwei-seitigen Zeigens weist auch darauf hin, dass es keine Trennungslinie zwischen dem Raum und dem, was in dem Raum ist, gibt. Ich kann meinen Nicht-Kopf nicht sehen, ohne zu sehen, was darin geschieht. Ich kann die Leere nicht sehen, ohne die Formen, die darin auftauchen. Hier in der Mitte ist es einfach und leer, dort ist es kompliziert, voller Dinge—und diese beiden Aspekte sind nicht voneinander getrennt. Heute werden wir auf unterschiedliche Weise unsere Aufmerksamkeit zurück zu unserem wahren Selbst bringen, diesem offenen Raum, diesem Bewusstsein, das immer voll von irgendetwas ist. Die Freude, den Tag gemeinsam zu verbringen, liegt darin, diese Aufmerksamkeit den ganzen Tag über im Vordergrund zu halten. Es ist die einfachste Sache der Welt, es zu sehen, aber dran bleiben es zu sehen, bewusst bleiben, es zu sehen—das ist es, was wir heute machen. Genauso wie es darum geht, auf diese Wirklichkeit hinzuweisen, geht es in diesem Workshop darum, darin zu ruhen und sich darüber zu freuen und unsere unterschiedlichen Reaktionen darauf auszutauschen. Gibt es im Moment irgendwelche Beobachtungen mitzuteilen?

Paul: Wenn wir zeigen und schauen, sieht dann jeder das gleiche?

Richard: Wenn du dorthin zeigst, siehst du dann irgendeine Farbe?

Paul: Nein.

Richard: Ich sehe keine Form hier. Siehst du eine dort?

Paul: Nein.

Richard: Also ist es in dieser Hinsicht das gleiche, oder?

Paul: Korrekt.

Richard: Ich sehe keinerlei Bewegung hier. Siehst du irgendeine Bewegung dort?

Paul: Nein.

Richard: Scheint so, als würden wir einander zustimmen.

Paul: So ist es.

Richard: Das, was ich nach außen sehe, hört da auf, wo ich etwas sehe, aber wenn ich zurück schaue, hört es nirgendwo auf. Stimmt das für dich auch?

Paul: Sicher.

Richard: Sieht so aus, als wäre es dasselbe für mich hier, wie es für dich dort ist. Diese Geste des zwei-seitigen Zeigens beinhaltet zwei Richtungen, nach innen und nach außen. Die Sicht nach außen ist für jeden von uns unterschiedlich, aber die Sicht nach innen ist die selbe, denn da ist nichts. Es hat keine Form, keine Farbe, keine Bewegung...

Bill: Ich fand es beim ersten Mal, als wir das Experiment machten, beunruhigend—das erste Mal, dass du realisierst, dass du das einzige „Du" bist. Du bist von Leuten umgeben, aber trotzdem bin ich die Person, die ich selbst bin, ich bin derjenige, der für mich interpretiert. Es ist beunruhigend.

Richard: Meinst du das Gefühl, allein zu sein?

Bill: Ja, genau.

Richard: Wenn wir von uns selbst denken, dass wir alleine sind, zum Beispiel in einer Menschenmenge, kann es sein, dass wir uns einsam fühlen. Wir fühlen uns von anderen getrennt. Aber wenn du dies siehst, ist dieses Alleinsein anders, denn es beinhaltet die anderen, oder? Es ist keine getrennte Sache. Dieser Raum jetzt beinhaltet die Gesichter von allen. Das ist „Alleinsein durch Mit-einschließen", was etwas anderes ist als „Alleinsein durch

Ausschließen". Ich finde, wenn du an irgendeinem Punkt das Gefühl hast, dass diese Erfahrung beunruhigend ist, sind das sehr gute Neuigkeiten. Es bedeutet, dass du das Ganze ernst nimmst. Du nickst gerade...

Barbara: Es ist verwirrend. Du nimmst den Raum und jeden viel ganzheitlicher wahr als vorher. Ich komme herein—es war so hektisch heute morgen—und ich setze mich hin und da sind all diese Leute und dann sehe ich all diese Köpfe und diesen Raum und das weckt dich auf!

Richard: Das zu sehen, bedeutet, erwacht zu sein. Würdest du nicht sagen, dass es, auch wenn es erschreckend und frisch ist, einem doch auch bekannt vorkommt?

Barbara: Ja.

Andrew: Es war schon immer da. Es war nie nicht da. Es ist mehr als bekannt! Es ist immer da.

Brian: Es ist immer da, aber es ist so leicht, alles durcheinander zu bringen und die Sicht darauf zu verlieren.

Richard: Ja. Wir übersehen es. Wir schauen gewissermaßen auf die falsche Art.

Brian: Wir sollten alle rückwärts gehen! Wenn du rückwärts gehst, kommt es in den Vordergrund!

Richard: Es gibt einen römischen Gott mit zwei Gesichtern, der Janus genannt wird. Eines seiner Gesichter blickt nach vorne und eines nach hinten. Man könnte sagen, dass das eine Metapher ist für dieses zwei-seitige Sehen. Du schaust gleichzeitig in beide Richtungen—in den Raum hinein und nach außen in die Welt.

Du hast die non-verbale Erfahrung. Du kannst das Nichts nicht intensiver erleben, als du es jetzt tust. Die Erfahrung ist absolut einfach und für uns alle gleich. Du siehst deinen Kopf nicht, stattdessen siehst du die Welt. Stimmt das für dich?

Brian: Ja.

Richard: Ja! Es ist sehr wichtig, öffentlich zu sagen, was du erlebst—„Ja, anstelle von meinem Kopf sehe ich hier die Welt." Ich denke, es ist wichtig, das laut zu sagen, denn auf die eine oder andere

Art bekräftigen wir den ganzen Tag über das Gegenteil—dass wir getrennte Wesen sind. Wenn ich sage „Ich bin Richard", nehme ich deine Sichtweise von mir an. Ich sage damit: „Ich akzeptiere, dass ich hier das bin, als was du mich von dort drüben wahrnimmst." Aber jetzt sage ich: „Nein! Es ist hier gar nicht so. Für mich bin ich nicht Richard, ich bin Raum für die Welt!" Ich spreche jetzt von meiner eigenen Sichtweise aus.

Ich versuche nicht, euch zu täuschen oder euch von etwas zu überzeugen, das gar nicht wahr ist. Du bist die Autorität darüber, wie es ist, du zu sein.

Diana: : Ich spüre hier etwas.

Richard: Okay, lass uns das mal anschauen. Sei dir der Empfindung deiner Stirn bewusst. Hat diese Empfindung eine Farbe?

Diana: Nein.

Richard: Wie breit ist sie?

Diana: Kann ich nicht sagen.

Richard: Ergeben die Empfindungen, die du da fühlst eine feste, farbige Sache, einen Kopf oder sind es nur Empfindungen im Bewusstsein? Meine Empfindungen sind einfach nur Empfindungen im Bewusstsein. Sie ergeben keinen Kopf hier.

George: Ich kann meine Brille sehen.

Richard: Schau auf deine Brille. Du kannst ihre ovale Form sehen. Was immer du von deiner Brille sehen kannst, es ist innerhalb deiner Sicht nach außen. Aber siehst du dein Gesicht hinter deiner Brille?

George: Nein.

Richard: Der Raum auf deiner Seite deiner Brille ist absolut klar. Brillen fokussieren die Welt, aber sie verändern den Raum nicht und sie versperren dir nicht die Sicht des Raumes. Du siehst aus dem Raum heraus durch deine Brille.

George: Ich habe das Gefühl, dass diese Wirklichkeit so ist, wie wenn man im Kino wäre.

Richard: Ja, und keiner ist da, der zuschaut.

George: Wie meinst du das?

Richard: Wenn wir hier hinzeigen, zeigen wir auf unser

Nicht-Gesicht. Wenn du mit deiner anderen Hand nach außen zeigst, zeigst du auf alles im Raum. Dieses „zwei-seitige Zeigen" bedeutet, dass diese Leere hier nicht einfach leer ist, sondern gleichzeitig voll—mit dem Film. Dort ist der Film. In dem Film kannst du dein Brillengestell sehen—und deine große Nase! Aber auf deiner Seite des Films ist es leer. Da ist keine Person, die ihn sich anschaut. Alles, was du erlebst ist in dem Film—deine Gedanken und Gefühle und Reaktionen und Empfindungen, auch die Empfindung deines Kopfes. Es ist ein Film mit vielen Sinneseindrücken. Aber diese Seite von all dem ist Raum für all das.

Das zu sehen, wirft zweifellos Fragen auf und macht vielen von uns Schwierigkeiten und Probleme. Du sagst „Ja, aber..." Großartig! Wenn es nicht Schwierigkeiten und Probleme aufwerfen würde, wäre das ziemlich seltsam, denn es ist eine ganz andere Art, dich selbst zu sehen, als die gesellschaftliche Sichtweise. Die gesellschaftliche Sichtweise ist, wie die anderen sehen, dass du bist—mit einem Kopf, mit einem Hintergrund hinter dir, getrennt von anderen. Was wir heute machen, ist, unsere eigene Sichtweise, unseren eigenen Standpunkt ernst zu nehmen.

Natürlich ist das wichtigste, wie du das in deinem Leben anwendest. Das ist wirklich der Test. Macht es wirklich einen Unterschied in deinem Leben, dass du zu deiner wahren Natur erwacht bist? Ich sage, ja das tut es. Zum Beispiel, wenn ich dich anschaue und bemerke, dass ich dein Gesicht anstelle von meinem eigenen habe, begreife ich: „Dein Gesicht ist meins. Da ist keine Entfernung, keine Trennung. Ich bin so gemacht, dass ich offen für dich bin. Es ist Gesicht da zu Nicht-Gesicht hier. Ich bin völlig leer für dich. Es steht dir nichts hier im Weg." Das hat eine tiefgreifende Wirkung auf die Art und Weise, wie wir uns auf andere beziehen. Ich schaue jetzt Phil an und sage: Du hast Richards Gesicht anstelle von Phils und ich habe dein Gesicht anstelle von meinem." Wir nennen das „Gesichter tauschen". „Du bist in mir, ich bin in dir", ist eine andere Art es auszudrücken. Das ist eine wirksame Medizin dagegen, sich getrennt zu fühlen, isoliert, allein. Tatsächlich bedeutet es Liebe zu realisieren, dass alle in dir sind—sehen, dass du offen gemacht bist für andere, dass du andere bist, ist die Grundlage von Liebe. In diesem Workshop geht es darum, dass wir uns gegenseitig helfen, die Aufmerksamkeit, dieses Bewusstsein im Vordergrund zu halten. Das ist ansteckend. Heute stecken wir uns gegenseitig an mit dem Bewusstsein, wer wir wirklich sind.

Kapitel 4

Das einzige Auge

Richard: Hier ist ein weiteres visuelles Experiment. Wir werden gleich zu den nicht-visuellen kommen.

Achtet mal darauf, aus wievielen Augen ihr herausschaut. Warum frage ich das? Weil du, wenn du aus zwei Augen schaust, ein „Ding" bist und getrennt vom Rest der Welt. Du bist eingeschlossen in dem festen Ding dort, deinem Kopf—dort drin gefangen. Was aber, wenn du einen Fehler gemacht hast? Was, wenn du gar nicht eingesperrt bist? Was, wenn du gar nicht in einem Kopf dort eingeschlossen bist und aus zwei kleinen Fenstern herauspickst, sondern stattdessen weit offen bist, in Freiheit, frei? Es lohnt sich, dir ein paar Minuten Zeit zu nehmen, um zu sehen, von wo aus du herausschaust—ob du nun im Gefängnis bist oder nicht! Wenn du einen grundlegenden Fehler machst, im Hinblick darauf, was du in deiner Mitte bist, dann ist es naheliegend, dass dein Fehler beeinflusst, wie du dich in Beziehungen zu anderen verhältst, wie du lebst—er kann dein ganzes Leben versauen!

Also lasst uns mal einen frischen Blick auf den Ort werfen, von dem aus wir herausschauen, um zu sehen, was wir sind. Aus wievielen Augen schaust du deiner eigenen Erfahrung nach heraus? Um das auszuprobieren, halten wir unsere Hände so vor uns und machen zwei Löcher wie eine Brille oder, wenn du eine Brille trägst, kannst du sie stattdessen vor dir ausgestreckt halten.

Da ist eine Trennungslinie zwischen den beiden Löchern oder

Gläsern und in jeder Öffnung oder in jedem Glas hast du ein anderes Bild. Hole sie langsam näher, wie wenn du eine Brille aufsetzen würdest. Schau, was mit der Trennungslinie passiert. Nimm sie direkt vor die Augen. Was ist mit der Trennungslinie passiert?

Ellen: Sie ist verschwunden.

James: Die beiden sind eins geworden.

Richard: Ja. Wir nennen das „das einzige Auge". Ich sehe zwei Augen im Spiegel, andere sehen zwei Augen, wenn sie mich anschauen und ich kann mir hier zwei vorstellen—aber ich sehe nur EINS hier.

Bringt eure Hände an den Rand des Sichtfeldes—was ich „die Sicht" nenne—und achtet darauf, dass rundherum eure Hände in dieser Öffnung verschwinden, in diesem einzigen Auge. Ein großes Auge! Alles befindet sich in diesem Auge. Seht ihr gerade aus einem einzigen Auge heraus?

Teilnehmer: Ja.

Richard: Es ist eine kaftvolle Sache, öffentlich die Wahrheit darüber zu bekräftigen, wer wir wirklich sind. Ich bekenne vor euch allen, dass ich ein Auge habe! Ich schaue aus einer Öffnung heraus und alle sind in meinem einzigen Auge! Natürlich ist es kein „Auge"—es hat keine Form oder Farbe. „Auge" ist einfach ein Name dafür.

Natasha ist eine Freundin, die in Moskau lebt. Sie hat schon an mehreren Workshops teilgenommen und hat daher auch dieses Experiment gemacht. Eines Tages ging sie eine Straße entlang und ein kleiner Junge, den sie nicht kannte, hielt sie an und fragte, ob er ihr einen Zaubertrick zeigen könnte. Natasha war einverstanden. Er hielt zwei Gebäckstücke in der Form von Donuts hoch und erklärte: „Ich kann aus diesen beiden eins machen!" „Okay, zeig's mir," antwortete Natasha. Ratet mal, was als nächstes passierte—er hielt sie genauso vor sich, wie wir das gerade mit unseren Händen gemacht haben. Natürlich wusste Natasha, was er sah. Dann fragte er sie: „Willst du es auch ausprobieren?" Also machte sie es ihm nach und sah natürlich, wie aus den zwei Löchern eins wurde. Aber als er ihr dabei zusah, fiel ihm vor Enttäuschung die Kinnlade runter—„Oh, bei dir funktioniert es nicht!" Ich vermute mal, ihm war der Unterschied noch nicht klar, wie er sich selbst mit einem Auge wahrnimmt und der Art und Weise, wie andere ihn mit zwei Augen sehen. Vielleicht war das ein wichtiger Moment in seiner Entwicklung, der Moment, in dem er erkannte: „Keiner außer mir kann mein einziges Auge sehen!"

Von da ist es kein weiter Weg zu sagen: „Da keiner außer mir mein einziges Auge sehen kann, habe ich auch keins." Jeder sagt mir, dass ich zwei Augen habe—sie müssen recht haben und ich habe unrecht. Also akzeptiere ich jetzt, dass ich zwei Augen habe." So betritt man die zwei-äugige Schachtel.

Wie groß ist die Aussicht?

Schaut auf zwei Objekte im Raum. Ihr könnt ihre Größe vergleichen. Du sagst, das eine ist ein bisschen breiter als das andere und das da ein bisschen größer als das da und so weiter. Alles in diesem Raum ist entweder größer, kleiner oder ungefähr gleich groß wie irgendetwas anderes. In diesem Sinne ist die Größe eines Objektes relativ.

Jetzt seid euch der gesamten Ansicht bewusst, eurem einzigen Auge. Wie groß ist es?

Kevin: Unendlich.

Richard: Unendlich! Da gibt es kein zweites auf der rechten oder linken Seite, mit dem man es vergleichen kann, oder? Du kannst nicht sagen, dass deins größer ist als das von jemand anders, denn du kannst das von jemand anders nicht sehen. Es gibt kein anderes, mit dem du deins vergleichen könntest. Dein Auge ist unvergleichlich, daher kannst du nicht sagen, wie groß es ist. Wirklich? Wenn du ein anderes sehen könntest, dann okay, könntest du deins mit dem vergleichen, aber es gibt kein anderes, oder? Hast du schon mal eine andere Sichtweise als deine eigene wahrgenommen?

Ellen: Ich hab's gerade begriffen!

Richard: Kann einer eine andere sehen? Wenn ja, wo?

Dale: Ich würde es dir nicht sagen!

Richard: Du würdest es mir nicht sagen! Du kannst nur ein Auge sehen—deins. Andere Leute erzählen dir von ihrem einzigen Auge, aber du hast es noch nie gesehen. Im tibetischen Buddhismus, im Dzogchen, reden sie von „der Sichtweise". Was ist „die Sichtweise"?

Die Sichtweise ist das, was du ansiehst! Es ist dein einziges Auge. Weil du die Sichtweise direkt ansiehst, bist du exakt am richtigen Ort, um zu sehen, was sie ist. Wie groß ist die Sichtweise? Du musst ihre Größe nicht in einem Buch nachschlagen. Du musst niemand anders fragen. Sie könnten unrecht haben! Du schaust für dich selbst. Um zu sehen, wie groß die Aussicht ist, nimm deine Hände an jede Seite deines Gesichts—an jede Seite deines Nicht-Gesichts—wie Scheuklappen. Du siehst alles zwischen deinen riesigen Händen. Dein Auge hat die Welt in sich, oder? Es ist groß!

James: Es ist so groß wie das Universum.

Richard: Ja, nicht wahr?! Wow!

James: Ja, wow!

Richard: Heute morgen hat jemand in unserer Facebookgruppe eine Geschichte aus dem Klassenzimmer kleiner Kinder gepostet. Die Kinder wurden gefragt: „Was ist das größte Ding der Welt?" Ein Kind sagte, ihr Vater, ein anderes ein Elefant, aber ein drittes sagte, „Mein Auge." Der Lehrer fragte sie: „Warum dein Auge?" Sie antwortete: „Weil mein Auge ihren Vater und den Elefanten und alles enthält." Ist das nicht erstaunlich?

In dem Film „Jurassic Park" gibt es so einen großen Kerl. Er vergisst, dass du ruhig stehen bleiben musst, wenn du nicht von einem Raptor gesehen werden willst, weil er Bewegung registriert, obwohl ein Raptor kein gutes Sehvermögen hat. Er bewegt sich aber! Das war sein Ende. Bewegung erregt Aufmerksamkeit. Das ist eine urzeitliche Sache. Nehmt eure Hände zurück an den Rand eures einzigen Auges, an den Rand des Blickfeldes und bewegt sie dort. Die Bewegung eurer Hände zieht eure Aufmerksamkeit genau zu der Seite, wo sie verschwinden. Bewegt sie in den Raum hinein und heraus. Ich glaube nicht, dass ihr in der Lage seid, diesen Rand angemessen mit Worten zu beschreiben, aber ihr erlebt ihn. Lasst eure Vermutungen darüber, wie dieser Rand beschaffen ist, mal beiseite und schaut ihn euch an, als wäre es zum ersten Mal, wie ein Kind.

Ist die Ansicht irgendwo drin?

Schaut auf ein Objekt direkt vor euch. Egal welches Objekt ihr betrachtet, es ist genau in der Mitte eures Blickfeldes. In Richtung des Randes dieses Blickfeldes werden die Dinge ungenauer und verwischter, bis du zu der Gegend kommst, wo du gar nichts mehr sehen kannst. Jemand nannte diese Region gestern abend den „Ereignis-Horizont"—wo es nichts mehr zu sehen gibt. Um das Blickfeld herum kannst du nichts sehen—ist das wahr?

Jennifer: Ja.

Richard: Schaut auf irgendein Objekt in diesem Raum. Es hat eine Begrenzung und da ist etwas um diese Begrenzung herum. Schaut euch dieses Stück Papier auf dem Boden an—da ist Boden drumherum. Es befindet sich innerhalb dieser größeren Umgebung. Alles, was ihr euch anschaut, befindet sich innerhalb einer Umgebung, es ist umgeben von anderen Dingen, ich schaue Mark an, da ist ein Rand um ihn herum. Innerhalb dieser Umrandung ist Mark, außerhalb von ihm der übrige Raum. Da gibt es keine Stelle von Marks Rand ohne irgendetwas dahinter. Überall um ihn herum sind Sachen.

Jetzt schaut euch die gesamte Ansicht an, bis hin zum „Ereignis-Horizont". Seht ihr irgendetwas darumherum?

Jennifer: Sie ist von dem umgeben, was du nicht sehen kannst. Von dem, was du gerade nicht siehst.

Richard: Ja. Ich sehe dort nichts. Wow! Sie ist nicht innerhalb von irgendetwas, oder? Die gesamte Ansicht hängt da im Nichts. Es gibt keinen Haken da oben, der sie irgendwo da oben festmacht.

Jennifer: Es gibt keine Grenze oder Form. Es gibt keine Begrenzung, sie verschwindet im Nichts.

Richard: Erstaunlich!

Jennifer: Sie verschwindet in dieser Leere.

Richard: In der Leere. Wir können diese Leere bezeichnen, wie wir möchten—Bewusstsein, Aufmerksamkeit, der große Geist, das Land der ewigen Klarheit, Stille, Ruhe.

Jennifer: Sie hat keine Grenzen.

Richard: Du hast es gerade öffentlich gesagt! Sie hat keine Grenzen. Sie ist nicht innerhalb einer Umgebung! Sie hängt im Nichts. Die gesamte Sicht ist im Nichts aufgehängt. Jedes einzelne Ding ist innerhalb dieser Ansicht, aber die gesamte Ansicht selbst ist im Nichts, wird auf nichts projiziert, geschieht im Nichts. Sie ist nicht innerhalb von irgendetwas. Sie ist frei. Frei und stressfrei—es gibt nichts außerhalb davon, das Druck darauf ausüben könnte.

David: Alles hängt im Abgrund.

Richard: Es schwebt im Raum. Gleichzeitig ist es völlig im Gleichgewicht. Es ist ruhig. Es kann nirgendwo hinfallen, denn da ist nichts, wo es hinfallen könnte.

Ihr werdet es wahrscheinlich unterschiedlich beschreiben. Wenn meine Worte für euch nicht stimmig sind, findet eure eigenen oder bleibt einfach bei dieser nicht-verbalen Erfahrung.

Und ihr müsst nichts herausfinden. Tatsächlich glaube ich nicht, dass man es herausfinden kann. Es geht hier mehr um ein Verlernen als um ein Er-lernen. Verlernen. Es ist einfach genug, nur zu schauen, wie ein Kind—wie das Kind, das du einmal warst.

Dale: Ich mag die Art, wie du auf das Offensichtliche aufmerksam machst. Es wurde immer übersehen.

Ein Bewusstsein

Richard: Ja. Du hast noch nie eine andere Sichtweise eingenommen. Wo würdest du die hintun? Ich bewahre eine zweite hier auf, wisst ihr, versteckt, falls ich sie mal brauche…

Dale: Du hast eine als Ersatz!

Richard: Eine Ersatz-Sichtweise, ja!

Die einzige direkte Erfahrung des Auges ist die eigene. Gott wird der Eine genannt. Das ist unsere Erfahrung des Einen. Es gibt nur ein Bewusstsein. Wie offensichtlich das ist! Wir hören vom Bewusstsein anderer Menschen, aber das ist Hörensagen, zweite Hand. Du erlebst ihr Bewusstsein nie direkt. Die einzige Erfahrung von Bewusstheit ist deine eigene—du als derjenige, der durch dieses Eine Auge schaut. Und dieses Auge, durch das du blickst, ist kein menschliches Auge, oder? Es ist göttlich. Es ist das Auge Gottes.

Die Macht wertzuschätzen

Schau geradeaus und sei dir deines einzigen Auges bewusst. Achte darauf, dass das, was du anschaust, in der Mitte deines Blickfeldes ist. In Richtung des Randes deines Blickfeldes, dem Ereignis-Horizont, verwischen die Dinge. Die Sichtweise wird unscharf. Nun schau auf etwas anderes—jetzt ist das in der Mitte des Sichtfeldes und im Fokus. Was vor einem Moment im Fokus war, ist jetzt nicht mehr im Fokus. Such dir etwas anderes aus und mache es zum Mittelpunkt des Blickfeldes. Du hast die Macht, irgendetwas in der Mitte des Universums zu platzieren, nur indem du darauf schaust. Gerade jetzt mache ich dein Gesicht zum Mittelpunkt meiner Welt. Du bist genau in der Mitte des Universums. Jetzt schaue ich auf Mark und mache Marks Gesicht zum Mittelpunkt. Wer macht das? Nicht Richard, das Eine. Als das Eine beförderst du jemand in den Mittelpunkt der Welt. Nur das Eine, nur du kannst das tun. Wenn du mich dabei anschaust, während ich es mache, passiert nichts, aber wenn du auf jemand schaust, erscheint diese Person in der Mitte der Welt.

Es ist, als ob du ein König oder eine Königin wärst, die Hof hält. Wenn du jemandem an deinem Hof die Ehre erweisen möchtest, holst du ihn nach vorne, vor alle anderen. In dem Moment wird er geehrt, indem er allein vor dem Monarchen steht. Er wird in deinem königlichen Blick gebadet! Dann schickst du ihn zurück in die Menge und rufst jemand anders nach vorne. Wenn du, als das Eine, jemand anschaust, beförderst du ihn oder sie zum Mittelpunkt der Welt. Wen immer du anschaust, der nimmt den Mittelpunkt der Bühne ein. Du ehrst ihn auf diese Weise. Ich ehre jetzt gerade Joy. Für diesen Augenblick bist du im Mittelpunkt des gesamten Universums. Niemals vor diesem Augenblick auf genau diese Art und Weise, niemals nach diesem Augenblick auf genau diese Art und Weise.

Jetzt habe ich jemand anders ausgewählt—tut mir leid, Joy! Also spielt! Macht jemanden oder irgendetwas zum Mittelpunkt. Es ist eine respektvolle, ehrende, wunderschöne, aufmerksame Sache. Wo immer du jemand oder etwas anschaust, beförderst du diese Person oder dieses Objekt in den Mittelpunkt der Welt. Es ist kreativ. Sehen ist kreativ.

Kapitel 5

Ich kapiere es nicht

Alex: Ich komme nicht mit. Ich kapiere es nicht.

Richard: Nun ja, keiner von uns versteht es so richtig. Aber kannst du dein Gesicht sehen? Nein. Das ist die Erfahrung.

Alex: Aber jeder scheint über etwas anderes zu reden, nicht direkt darüber.

Richard: Ich will sehen, ob ich dich beruhigen kann. Worüber wir reden, sind unsere Reaktionen darauf, dass wir unsere Gesichter nicht sehen. Wir reden darüber, was diese Erfahrung für uns bedeutet. Es gibt viele verschiedene Wege, wie man darüber denkt. Deshalb habe ich am Anfang gesagt, dass wir alle unterschiedlich reagieren. Du hörst vielleicht, dass jemand sagt: „Das ist erstaunlich!" und trotzdem findest du selbst es nicht erstaunlich. Wenn es das ist, was du denkst, möchte ich dir versichern, dass du trotzdem die Erfahrung machst—du kannst dein Gesicht nicht sehen. Das ist die Erfahrung. Also kannst du hoffentlich offen bleiben und dann während des Tages sehen, ob das für dich doch noch eine Bedeutung bekommt oder nicht. Ja? Die Erfahrung ist, dass du dein Gesicht nicht sehen kannst und wir werden diese Erfahrung auf verschiedene Arten anschauen.

William: Du hast gerade meine erste Reaktion beschrieben. Ich hab's nicht gesehen. Ich habe gezeigt und gedacht: „Ist das doof. Es funktioniert nicht." Ich hab's nochmal versucht. Es war nichts. Es war nicht „Bumm!" Dann nach ein paar Tagen habe ich das mit dem Zeigen nochmal versucht. Letztendlich ist es einfach passiert, ich kann's nicht richtig erklären.

Richard: Wir werden das noch aus verschiedenen Blickwinkeln angehen und du kannst sehen, was passiert. Wenn es am Ende des Tages nichts für dich bedeutet, warst du wenigstens mit einigen erstaunlich netten Leuten zusammen! Und der Kaffee ist gut!

Kapitel 6

Das Karten-Experiment

Teil Eins—Der Spiegel

Richard: Wir werden jetzt das Karten-Experiment machen. Hat jeder eine Karte mit einem Loch darin?

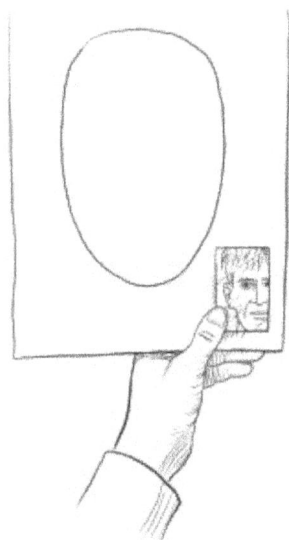

Haltet eure Karte auf Armeslänge entfernt und schaut in den Spiegel—du siehst dein Gesicht dort. Der Spiegel enthüllt zwei Wahrheiten. Die erste Wahrheit ist, wie du an einem Sonntagmorgen aussiehst! Ich bin sicher, ihr freut euch alle, da ein strahlendes und frisches Gesicht zu sehen… Die zweite Wahrheit ist, wo dieses Bild ist, wo dieses Gesicht ist—ist es nicht da vorne im Spiegel, am anderen Ende deines Armes? Ich sehe kein Gesicht hier an meinem Ende des Arms.

Der Spiegel zeigt dir, wie du in der Entfernung von einer Armlänge aussiehst. Das ist ungefähr, was andere sehen, wenn sie dich aus dieser Entfernung ansehen.

Hole deinen Spiegel auf halbem Weg in deine Richtung.

So siehst du aus dieser Entfernung aus.

Hole ihn näher—du siehst ein riesiges Auge. Berühre den Spiegel—du siehst etwas Verwischtes. Jetzt halte den Spiegel wieder auf Armeslänge entfernt.

Welche dieser äußeren Erscheinungen bist du? Nun, alle. Jede davon bist du aus unterschiedlichen Entfernungen. Dein Spiegel zeigt dir, dass deine äußere Erscheinung sich mit der Entfernung verändert. Nehmt die Karte für einen Moment herunter.

Wenn wir einen großen Spiegel an der anderen Seite des Raumes hätten, könntest du dort deinen ganzen Körper sehen. Der Spiegel würde dir dabei helfen, dich in dieser Entfernung zu sehen. Was du sehen würdest, entspräche dem, wie dich andere aus dieser Entfernung sehen. Es gibt eine Zone um dich herum, in der sich dein Körper manifestiert, in Spiegeln und in anderen.

Stell' dir einen riesigen Spiegel am Himmel in drei Kilometer Höhe vor—du würdest Levittown sehen. Das ist deine Erscheinung von dieser Enfernung aus—dein städtisches Gesicht, dein städtischer Körper. Du brauchst diese Schicht—du brauchst das Wasser- und Abwassersystem, das Stromnetz, die Straßen und Gebäude… Wir können nicht als Einzelwesen ohne diesen größeren Körper existieren. Stell dir vor, dass du in einen noch größeren Spiegel weiter entfernt schaust, sagen wir auf dem Mond—du würdest die Erde dort sehen. Das ist dein planetarisches Gesicht—das sich in dieser Entfernung zeigt. Auf diese kurze Entfernung hast du ein menschliches Gesicht, in dieser weiten Entfernung hast du ein planetarisches Gesicht. Beides sind deine Gesichter. Normalerweise denken wir nicht so, aber es ergibt Sinn so zu denken. Es ist auch ganz wunderbar, ein planetarisches Gesicht zu haben, einen planetarischen Körper. Du hast einen, also kannst du ihn auch ruhig verinnerlichen! Du hast auch einen solaren Körper. Einige Lichtjahre entfernt bist du ein Stern. Noch weiter weg hast du einen galaktischen Körper. Warum nicht ja sagen zu deinem wunderbaren vielschichtigen Körper?

Carol: Wenn du einen Tag mit unmöglicher Frisur hast, kannst du einfach sagen, dass du ein Stern bist!

Richard: Ja! Es macht Spaß und ist gleichzeitig wunderschön. Und es ist auch wahr.- Der Spiegel ist ein Freund. Er zeigt dir, was du bist, nicht nur eine Armlänge entfernt, sondern, zumindest in der Theorie, auf weitere und nähere Entfernung. Er hilft uns, diesen wunderschönen, vielschichtigen Körper, den wir haben, zu sehen.

Dann stellt sich die Frage: „Was ist in der Mitte all dieser Schichten?" Mit anderen Worten: „Wer bin ich wirklich? Was bin ich in der Mitte, in null Entfernung?" Jemand erzählte mir von einem alten Lied, in dem der Sänger so etwas singt wie „Ich war schon in London und New York und Paris und Sydney, aber bei mir war ich noch nie." Nun, in diesem Workshop geht es darum, „mich" zu besuchen.

Warum ist es wichtig, „mich" selbst zu besuchen?—Einen frischen Blick auf dich selbst zu werfen? Weil du dein Instrument bist, um zu leben. Wenn du einen Job zu erledigen hast, dann ist es wichtig, das richtige Werkzeug zu haben. Es funktioniert nicht, eine gute Säge zu nehmen, wenn du einen Nagel in die Wand schlagen willst. Du würdest dich verletzen. Genauso ist es nicht überraschend, dass dein Fehler dich und andere verletzt, wenn du dich über dein eigenes Wesen irrst, dein Werkzeug um zu leben. Deshalb ist es so wichtig herauszufinden, wer du bist. Und dann geht es darum, bewusst von deiner Wirklichkeit aus zu leben—nicht, sich daran zu erinnern oder sich nur mit dieser Idee deines Selbst abzulenken oder daran zu glauben oder zu wünschen, dass es wahr wäre, sondern es tatsächlich als eine Wirklichkeit zu leben. Das ist der Punkt—es zu leben macht den ganzen Unterschied.

Die Frage, die wir heute stellen, lautet: „Was ist mein Werkzeug, mein Instrument um zu leben? Wer ist in der Mitte all meiner Schichten?" Der Spiegel und andere Menschen können dir sagen, was du aus der Entfernung bist—dein wunderschöner, vielschichtiger Körper—aber sie können dir nicht sagen, was du in der Mitte bist, weil sie da nicht hin können. Aber du bist in deiner Mitte, also bist du perfekt platziert, um zu sehen, wer du dort bist. Es ist ein gut gehütetes Geheimnis. Aber alles, was wir tun müssen, um dieses Geheimnis zu lüften, ist dort hin zu schauen und das ist es, worum es in den Experimenten geht.

Teil zwei—Die Öffnung

Schau auf die Öffnung in der Karte. Es ist ein ovales Loch. Weil es ein Loch ist, kannst du alles Mögliche hineintun. Achte darauf, was jetzt im Loch erscheint—ein Teil des Raumes. Der Rest des Raumes ist außerhalb des Randes der Karte.

Bring jetzt das Loch ungefähr bis zur halben Entfernung näher zu dir und achte darauf, was passiert—es wird größer. Es passt mehr vom Raum hinein. Noch näher und es wird noch größer.

Bring es weiter näher an dich heran und schau, was passiert—die Seitenränder des Loches sind immer weiter voneinander entfernt, oben und unten verschwinden dann.

Keine Begrenzung! Du hast gerade deine Aufmerksamkeit den ganzen Weg nach Hause in diesen offenen Raum geleitet—dieser offene Raum, der voll von allem ist.

Behaltet die Karte an und schaut euch die anderen Leute hier an. Sie haben alle ihre Gesichter von Karten eingerahmt und sie sehen alle albern aus, oder? Aber da ist einer im Raum, der wurde nicht eingerahmt und sieht nicht albern aus.

Jeffrey: Danke!

Richard: Es ist wahr, oder? Wurdest du eingerahmt? Nein! Hebt eure Hände, wenn ihr nicht albern aussieht! [Alle heben ihre Hände.] Ihr allein seid nicht eingerahmt, ihr allein seht nicht albern aus! Ihr seid nicht verpackt, ihr seid nicht innerhalb einer Karte oder innerhalb von sonst irgendwas. Ihr seid frei.

Jeffrey: Was klasse ist, ist dieser bemerkenswerte Kontrast zwischen den Öffnungen in den Karten der anderen Leute, die mit festen Dingen gefüllt sind—ihren Gesichtern—und meiner, die nichts ist, die leer ist. Bemerkenswert.

Richard: Ein totaler Gegensatz. Was für ein Glück, derjenige zu sein, der nicht hineingefüllt ist! Was für ein Glück! Es gibt nur einen, der durch diesen Zauber-Eingang in den Himmel gelangen kann. Nur einer. Du kannst nicht als Person in den Himmel kommen, du kannst nur in den Himmel kommen, indem du Gott bist. Nur Gott lebt im Himmel. Nun, das ist eine Metapher, eine bildhafte Art es auszudrücken. Streckt die Karte nochmal aus. Wer kann durch diesen Zauber-Eingang in den grenzenlosen Himmel gelangen? Holt die Karte näher zu euch und „zieht sie an". Wer ist hindurchgegangen in diesen grenzenlosen Raum, in dieses Fassungsvermögen, das dieses großartige Universum enthält? Nur Nichts, ein „Nicht-Ding", kommt durch. Nur du kommst durch. Die anderen, diese Gesichter, kommen nicht durch. Sie bleiben da in der Eingangstür stecken.

Eileen: Deshalb wird das Wort „Weite" so selten benutzt, weil es so weit ist!

Richard: Ja, das ist ein gutes Wort dafür.

Eileen: Keine Grenze.

Richard: Ist das nicht schön, das gemeinsam mit unterschiedlichen Stimmen zu feiern?!

Hier ist ein Zaubertrick, den ihr vorführen könnt—ihr könnt die Karte aus dem Nichts erscheinen lassen. Nehmt die Karte herunter. Sie kommt aus dem Nichts. Das ist doch cool!

Bedingungslos offen

Machen wir das Experiment nochmal. Schau auf das Loch. Es ist ein mehr oder weniger rundes Loch. Es ist ziemlich klein. Weil es leer ist, kannst du es mit irgendetwas füllen. Jetzt passe ich den Boden darin ein, nun eine Person, dann ein Bild. Es lehnt nichts ab. Es sagt nicht „Nein" zu irgendetwas. Es sagt nicht: „Ich werde zum Boden ‚Ja' sagen, aber ‚Nein' zu diesem Stuhl." Es ist dazu gemacht, offen zu sein. Bedingungslos offen.

‚Zieht' die Karte langsam an. Jetzt ist die Karte verschwunden. Alles was bleibt, ist dieser grenzenlose Raum. Du siehst, dass der Raum, in dem du bist, bedingungslos offen ist. Du bist bedingungslos offen für alles, was du erlebst.

Nehmt die Karte jetzt ab. Ihr seid immer noch bedingungslos offen.

Die Unsterblichkeit „anziehen"

Ian: Ich schaue in den Spiegel und der Kerl da wird älter.

Richard: Aber dieser Eine hier nicht.

Ian: Dieser Eine ist immer genau der Selbe.

Richard: Ist das nicht wunderbar.

Ian: Es ist eine Erleichterung. Ich mache mir mehr Sorgen um ihn, den da im Spiegel!

Richard: Das solltest du auch! Der da im Spiegel hat Falten—na ja, bei den meisten von uns, nicht bei allen! Aber dieser Eine hier hat keine Falten. Das ist die beste Schönheitsoperation—beseitigt alle Falten in einem Zug! Der da im Spiegel wurde geboren und wird sterben. Tatsächlich haben wir gelernt, dass wir sterblich sind. Erinnert ihr euch, wann euch zum ersten Mal bewusst wurde, dass ihr sterben werdet? Manche Leute tun das. Du begreifst, dass du sterblich bist. Du verinnerlichst dieses sterbliche Gesicht, das du im Spiegel siehst und übersiehst dabei deine eigentliche Unsterblichkeit. Den Rest deines Lebens verbringst du dann unter dem Eindruck, der Täuschung, dass du sterblich bist. Aber jetzt können wir sehen, dass wir in unserer Mitte nicht sterblich sind. Jetzt können wir unser zerbrechliches, sterbliches, menschliches Leben von dieser unsterblichen Quelle aus leben! Fantastisch. Jetzt können wir in den Spiegel schauen und sagen: „Gott sei Dank bin ich nicht so!"

Die Heimreise

Wir machen dieses Experiment noch einmal. Es ist eine einzigartige Reise—von der Region deiner äußeren Erscheinung zu deiner

Wirklichkeit. Du reist nach Hause, zu dem, der du wirklich bist. Legt die Karte langsam an. Während du siehst, wie die Öffnung auf dich zukommt, bewegst du deine Aufmerksamkeit mit, zurück zu dem Ort, von dem aus du herausschaust. Schau weiter. Kümmere dich nicht um das, was andere Leute sehen, sie sind da draußen und schauen auf deine äußere Erscheinung, während du hier bist und auf deine Wirklichkeit schaust. Wenn du deine Aufmerksamkeit mit der Karte bis zu dir nach Hause bringst, siehst du, dass du für dich selbst nicht albern aussiehst. Du weißt, dass du für die anderen da draußen albern aussiehst, aber hier bist du sauber, klar, offen, frei, grenzenlos, voll von allem. Lass dir deine Offenheit, deine Weite, deine Unsterblichkeit, deinen Reichtum nicht ausreden. Lass dir von anderen nicht deinen unglaublichen Adel ausreden. Dein wahres Selbst ist grenzenlos, zeitlos, wohlhabend, mächtig, schön. Wir lassen uns die Wahrheit ausreden, wir geben unsere Macht ab, wir lassen zu, dass andere uns sagen, wer wir sind. Nun holen wir uns unsere Macht auf die einfachste Weise zurück—einfach indem wir hinschauen und weiter hinschauen. Du wägst die Rückmeldung, die du von anderen bekommst, ab mit deiner eigenen Erfahrung dessen, der du wirklich bist. Du bist offen. Nichts bleibt hängen. Wenn jemand sagt, dass du albern aussiehst, kannst du jetzt sagen: „Nun, ich sehe für dich da albern aus, aber hier sehe ich nicht albern aus. Was du über mich sagst, bleibt hier nicht hängen." Ist das wahr?

Teresa: Absolut. Wie du mich siehst, ist dein Problem.

Richard: Genau. Oder meine Freude.

Jetzt bist du zuhause. Du hast diese unglaubliche Reise unternommen zu der Gegend, wo deine Erscheinung sich in der Wirklichkeit deiner Mitte manifestiert, die still, ruhig, sicher, offen, voll von allem ist. Das ist die tollste Reise—von etwas, das geboren wurde und sterben wird, zu etwas, das nie geboren wurde und nie sterben wird. Jetzt siehst du, wer du wirklich bist. Du hast es begriffen. Du kannst es gar nicht nicht begreifen. Du begreifst es vollständig—du kannst es nicht nur halb begreifen. Und keiner kann es besser oder schlechter begreifen als du selbst.

Teresa: Auf Wiedersehen!

Richard: Auf Wiedersehen! Ja, das ist es, du hast es begriffen. Wirklich! Du kannst jetzt nach Hause gehen. Es geht hier nicht in erster Linie um Verstehen. Verstehen ist wichtig, aber in erster Linie geht es um Erfahrung. Dein wahres Selbst ist immer erreichbar. Es ist, was du bist. Es ist frei. Es ist sehr freundlich, denn es versteckt sich nicht. Wenn du dein wahres Selbst verstecken willst, dann am offensichtlichsten Platz—dem Ort, von dem aus du herausschaust! Wer hätte das gedacht? Du sagst: „Das kann nicht wahr sein!" Gut, probiere es aus! Schau nach und erkenne, ob es wahr ist oder nicht. Glaub' mir nicht. Glaub' keinem—sieh selbst nach.

Kapitel 7

Experiment
mit geschlossenen Augen

Dieses Experiment erforscht, wer wir mit geschlossenen Augen sind, aber wir werden es mit offenen Augen beginnen. Sei dir deines einzigen Auges bewusst. Sei dir bewusst, dass du nicht sagen kannst, wie groß dein Auge ist, weil du kein zweites siehst, mit dem du es vergleichen könntest. Und dein Auge hat nichts um sich herum— es ist nicht in etwas Größerem eingebettet, es hängt einfach auf magische Weise im Nichts. Die Aussicht verschwindet rundherum im Nichts. Sei dir dieser beiden Aspekte bewusst—deine Aussicht ist die einzige Aussicht, so dass du nicht sagen kannst, wie groß sie ist und sie ist nicht in irgendetwas drin.

Die Welt zerstören

Schließe deine Augen. Der Raum ist verschwunden. Du erlebst Dunkelheit. Wie groß ist die Dunkelheit? Ich finde rechts oder links keine zweite, mit der ich sie vergleichen könnte. Es gibt nur eine. Richtig? Ist die Dunkelheit in irgendetwas enthalten? Nein.

Öffne deine Augen. Was verändert sich? Die Sicht nach außen ändert sich von Dunkelheit zurück zum Raum, aber die Sicht nach innen ändert sich nicht, oder? In Richtung nach außen gibt es den Raum und in diese Richtung, nach innen blickend, gibt es nichts. Lasst uns nochmal die Geste des zwei-seitigen Zeigens machen—sie hilft, die Aufmerksamkeit in diese zwei Richtungen zu lenken. In der Richtung ist der Raum und in diese Richtung ist nichts. Wenn deine Augen geschlossen sind, ist in diese Richtung Dunkelheit, aber in die andere Richtung ist immer noch nichts. Schließt eure Augen. Jetzt ist da Dunkelheit, aber nichts ist hier. Öffnet eure Augen. Jetzt erscheint der Raum erneut im Nichts. Magisch! Die Sicht nach außen verändert sich, aber die Sicht nach innen nicht. Wenn ich meine Augen schließe, zerstöre ich den Raum, wenn ich meine

Augen öffne, erschaffe ich ihn erneut. Ihr sagt: „Richard, du schließt und öffnest nur deine Augen." Aus eurer Sicht tue ich das, aber aus meiner Sicht zerstöre ich auf magische Weise den Raum und erschaffe ihn neu. Schließt eure Augen—weg! Öffnet euere Augen—wieder da! Ihr könnt Dinge erscheinen und verschwinden lassen.

Ihr könntet fragen: „Wozu soll das gut sein, wenn man das tun kann?" Ich sage: „In der Öffentlichkeit ist es zu gar nichts nutze, aber mir persönlich bestätigt es mein Wesen. Es ist eine innere Sache. Es bestätigt mir, wer ich wirklich bin. Ah, ja! Hier ist eine meiner Kräfte!" Also übt eure Kraft und zerstört den Raum! Jetzt erschafft ihn neu!

Wenn du zu dem erwachst, der du wirklich bist, erwachst du zu der wirklich erstaunlichen Tatsache, dass du das EINE bist. Du kannst nicht größer als Gott werden! Du bist das Eine, du bist Sein. Das sollte dazu führen, dass sich dir die Nackenhaare sträuben. „Sein" ist ein kleines Wort für dieses unglaubliche Mysterium und die Wirklichkeit dessen, der du bist. Es ist so großartig und gleichzeitig so bescheiden, denn es ist nichts. Es wird dadurch großartig, dass es bescheiden ist. Das ist wahr, oder? Die einzige Art und Weise, wie du zu dieser großartigen Pracht kommen kannst, ist, indem du nichts bist.

Klänge/Geräusche

Schließt eure Augen noch mal. Seid euch der Geräusche bewusst. Du kannst verschiedene Geräusche unterscheiden. Du kannst meine Stimme hören. Jetzt kannst du hören, wie sich jemand auf einem Stuhl bewegt. Manche Geräusche gefallen dir vielleicht, manche nicht. Manche sind laut, manche leise. Wenn ich gut hinhöre, kann ich leisere und weiter entfernte Geräusche hören. Schließlich kommt ein Bereich, in dem ich nichts mehr höre. Es gibt da einen „Ereignis-Horizont". Jenseits des leisesten Geräusches ist ein Ort, an dem du nichts hörst. Oder du könntest sagen, dass du die Stille hörst. Natürlich ist „Stille" ein Wort für etwas, das kein Ding ist. Es ist Nichts, Aufnahmefähigkeit, Bewusstsein. Alle Geräusche, alle Klänge, die du hören kannst, fließen durch diese Stille oder kommen aus dieser Stille oder fallen in sie hinein.

Wie groß ist das gesamte Klangfeld? Es gibt kein zweites, mit dem du es vergleichen könntest, oder? Es gibt nur ein einziges Klangfeld.

Ist das gesamte Klangfeld in irgendetwas enthalten? In meiner Erfahrung nicht.

Entstehen und geschehen die Geräusche in einem anderen Feld als dem, in dem die Dunkelheit ist? Nein. Die Geräusche und die Dunkelheit geschehen gemeinsam in dieser einen grenzenlosen Stille, dem Raum, dem Bewusstsein. Die Geräusche und die Dunkelheit sind in dir drin.

Du musst das nicht verstehen oder in einer bestimmten Weise darüber denken. Die Erfahrung ist nicht-sprachlich, nicht-begrifflich.

Öffnet eure Augen. Die Geräusche tauchen immer noch in der Stille auf, oder? Alle Geräusche sind in dir drin. Wenn du also meine Stimme hörst und dann—lasst uns als Experiment ein kleines Gespräch führen—hörst du Dales Stimme…

Dale: Hallo, Richard!

Richard: Beide Stimmen sind in dir, oder? Weil ich damit aufgewachsen bin, mich mit Richard zu identifizieren und nicht mit Dale, weiß ich, dass dies meine Stimme ist und das Dales. Aber jetzt sehe ich, wer ich wirklich bin—und höre, wer ich wirklich bin—ich bin mir bewusst, dass beide Stimmen meine sind. Es macht mir Spaß, zwei Stimmen zu haben. [Die Teilnehmer lachen.] Jetzt habe ich viele Stimmen!

Du schließt andere mit ein. Du bist die anderen. Du siehst andere nicht nur in dir, du hörst andere in dir. Viele Stimmen in EINEM Bewusstsein. Das ist eine andere Art von Zuhören. Es ist ein so interessantes Nichts—es ist ein lebendiges Nichts, Aufnahmevermögen, Stille. Du wirst nicht nur zu all diesen Farben und Formen, du wirst auch all diese Geräusche, von Augenblick zu Augenblick. Du sprichst jetzt mit Richards Stimme. Das macht Spaß! Und all diese Geräusche, die du hörst, steigen auf mysteriöse, zauberhafte Weise aus der Stille, in der du bist, herauf und lösen sich wieder in ihr auf. Ohne, dass du weißt, wie oder dass du es unter Kontrolle hast oder dich anstrengst.

Dale: Es gefällt mir, wie du das ausdrückst. Das Bild da an der Wand ist ein Zen-Kunstwerk—Pinienbäume im Dunst. Das ist der Zen-Ausdruck von dem, worauf du hinweist—diese Pinienbäume, die im Dunst auftauchen.

Richard: Ja! Es taucht alles aus dem Dunst des Nichts auf, oder?! Welch unglaubliche Kreativität! Als der eine im Spiegel sind wir mehr oder weniger kreativ, je nachdem, was die Gesellschaft für kreativ hält. Ein Bild malen vielleicht. Gut, das ist großartig. Aber als dieses EINE kannst du gar nicht aufhören, zu erschaffen! Alles kommt aus dir heraus, aus dem „Dunst". Frisch, anstrengungslos, überraschend, neu, aus jeder Richtung.

Lasst uns im Kreis herumgehen und unsere Namen sagen. Unsere Namen zu nennen, ist eine Gelegenheit, unsere vielen Stimmen in der einen Stille aufsteigen zu hören. Ihr sprecht mit vielen Stimmen. Du sprichst mit vielen Stimmen. Das muss übrigens keine „Wow"-Erfahrung sein. Es eine natürliche, normale Sache. Also, viel Spaß. Fangen wir an—Richard… [Jeder sagt seinen Namen.]

Dale: Wie ein Orchester.

Richard: Ist das nicht fantastisch. Das ist eine andere Art, mit deinen Freunden herumzuhängen. Du freust dich darüber, sie zu sein. Das öffnet die Welt wieder. Jeder, mit dem du sprichst, jemand in einem Laden oder auf der Straße, deine Ehefrau oder dein Mann, deine Kinder, du kannst sie auf diese tiefe Art, ohne dich einzumischen, umarmen—denn die Art und Weise, wie du zu anderen wirst, ist, dass du Nichts bist. Du wist nicht sie, indem du dich aufdrängst. Du machst ihnen Platz, du verschwindest zu ihren Gunsten.

Charles: Das hat mich wirklich berührt, als wir zum ersten Mal unsere Augen geschlossen hatten und zuhörten und dann sagtest du uns, wir sollten unsere Augen öffnen. Auf einmal vermischten sich die Geräusche im Raum.

Richard: Alles vermischt sich, oder?

Empfindungen

Schließt eure Augen wieder. Seid euch der Empfindungen eurer Körper bewusst. Einige Empfindungen gefallen dir, andere nicht, Einige sind im Vordergrund, einige sind im Hintergrund. Einige sind stark, andere schwach—du spürst sie nur gerade so. Dann jenseits der schwächsten Empfindung kommt eine Region, wo du nichts fühlst. Da ist wieder das Nichts. Der Raum enthält die Empfindungen. Es ist eine Art von wacher Taubheit, die dieses grenzenlose Feld von wechselnden Empfindungen enthält—die sie hält, sie ist, es ist nicht getrennt davon. Ich kann diese Empfindung als meine Hand bezeichnen und die da als meinen Kopf und die dort als meinen Zeh, aber selbst dieses Benennen findet ebenfalls im Nichts statt.

Wie groß ist das gesamte Feld der Empfindungen? Ich finde kein zweites Feld der Empfindungen, um es zu vergleichen. Du etwa? Nein.

Und ich finde dieses einzige Empfindungsfeld nicht innerhalb eines größeren Feldes. Ich finde es nicht innerhalb von etwas anderem. Es ist im Nichts, in diesem grenzenlosen, formlosen Aufnahmevermögen.

Dieses Feld der Empfindungen *geschieht* im selben Aufnahmevermögen wie alle Geräusche und die Dunkelheit. Alles zusammen geschieht in EINEM Bewusstsein.

Wir identifizieren uns mit unseren körperlichen Empfindungen. Wenn ich also sage, dass ich nicht weiß, wie groß dieses Feld der Empfindungen ist, könnte ich genausogut sagen „Ich weiß nicht, wie groß ich bin. Ich bin nicht in irgendetwas beinhaltet. Ich bin grenzenlos. Ich treibe im Nichts, tauche auf und verschwinde im Nichts. Ich tauche auf wundersame Weise aus dem „Dunst" auf." Das sind Worte. Die Erfahrung ist nicht-sprachlich, also kannst du es beschreiben, wie du möchtest.

Öffnet eure Augen. Ihr seid euch immer noch eurer körperlichen Empfindungen bewusst. Das Feld der Empfindungen—findet es anderswo statt als die Farben und Formen des Raumes? Es gibt nur eine Möglichkeit. Kannst du sagen, wie groß das Feld der Empfindungen jetzt ist, mit offenen Augen? Ist es in irgendetwas drin? Meins nicht. Meine körperlichen Empfindungen verschmelzen mit dem Raum. Ich bin groß. Ich bin auf freiem Fuß. Ist das für dich wahr? Frei zu sein ist sehr gut für deinen Körper. Es ist natürlich. Es ist gesund. So bist du als Baby auf die Welt gekommen. Wenn wir größer werden, lernen wir uns selbst von außen zu sehen und wir ziehen uns zusammen—wir stehlen all unsere Empfindungen von der Welt dort und horten sie in einer „Schachtel" hier. Aber jetzt erwache ich erneut zu meiner eigenen Sichtweise und entdecke wieder, dass meine Empfindungen überall sind. Die Welt ist voller Empfindungen. Die Welt ist lebendig. Ich bin frei, nicht getrennt von der Welt. Alles erscheint in diesem EINEN Raum, diesem Bewusstsein. Es gibt nichts, das außerhalb von mir ist, jenseits von mir oder gegen mich.

Sei dir deiner Atmung bewusst. Wo geschieht deine Atmung? Ist sie in etwas drin, in etwas enthalten? Geschieht dieser Rhythmus nicht im bewussten Nichts? Wenn du sagst, sie ist in deinem Körper, wo ist dein Körper? Innerhalb des Sichtfeldes? Und wo ist das Sichtfeld? Es treibt im Nichts! Geschieht deine Atmung nicht innerhalb dieser grenzenlosen, wachen Offenheit, in der du bist? Ist sie nicht in dem EINEN, in diesem geheimnisvollen, unbeschreiblichen Nichts, der Stille, der Leere, in diesem Raum, in dem alles geschieht?

David: Das war erstaunlich, als du alles in die richtige Sichtweise gebracht hast. Als du aber gesagt hast: „Sei dir deines Atems bewusst", hat der Gebrauch des Wortes „dein" wieder alles zusammenschrumpfen lassen. Aber als ich dann das Wort „dein" weggelassen habe, war da nur Atmen. Empfindung. Wenn du Worte wie „mein", „dein", „ich" herausnimmst, wird es Teil der Gesamtansicht.

Richard: Ja, ich verstehe. Aber darf ich dich da in Frage stellen? Sei dir deines Atems bewusst—nein, entschuldige, nimm bewusst den Atem wahr– innerhalb des Raumes. Jetzt sei dir des Wortes

„das" bewusst—„das Atmen". Das Wort „das", der Klang und das Bild oder was auch immer es ist, ist ebenfalls im Raum, oder? Jetzt das Wort „dein"—ist es im Raum?

David: Du hast mich erwischt. Ja.

Richard: Ein Wort zu benutzen, hält dich also nicht davon ab, dir des Raumes bewusst zu sein. Innerhalb des Bewusstseins kann das einen Moment lang eine Empfindung sein, die in den Vordergrund kommt, in die Mitte meiner Aufmerksamkeit, dann im nächsten Augenblick ein Geräusch oder etwas anderes, das dahinsprudelt, auftaucht und wieder verschwindet. Aber dieses Bewusstsein, der Raum, in dem all dies geschieht, ändert sich nicht. Es ist gleichbleibend, konstant.

Alex: Ich finde es für mich einfacher, zu sehen, dass ich frei bin durch das Sehvermögen und das Hören als durch die Körper-Empfindungen.

Richard: Ich schlage vor, dass ihr erst mal bei den Teilen, die ihr leicht findet, bleibt und diese Aufmerksamkeit nach und nach in die Teile einsickern lasst, die erstmal nicht so leicht erscheinen. Das ist ein Teil des ganzen Spaßes, das Abenteuer. Es passt nicht gleich alles zusammen, vom Verständnis her. Es ist ein Entfalten, das für jeden von uns nach und nach geschieht. Aber, Junge, Junge!—Wenn du anfängst ja zu sagen zu der einfachen Wahrheit, dass du frei bist, dass deine Empfindungen sich mit der Welt vermischen, ist das so heilend, so befreiend, körperlich so gesund für dich.

Gedanken und Gefühle

Schließe deine Augen und sei dir deiner Gedanken und Gefühle bewusst. Zähle langsam bis fünf. Stelle dir vor, wie die Zahlen in der Dunkelheit auftauchen. Jetzt erinnere dich daran, was du zum Frühstück gegessen hast. Jetzt denke an jemand, den du magst und sei dir deiner Zuneigung für denjenigen bewusst. Oder denke an ein Problem in deinem Leben und wie du das empfindest. Gedanken, Vorstellungen, Gefühle—ändern sich die ganze Zeit. Einige magst du und einige nicht. Einige erscheinen groß, andere klein.

Jetzt konzentriere dich auf das gesamte Feld des Denkens und Fühlens, das was wir das „Feld des Verstandes oder Geistes" nennen könnten, oder einfacher, deinen Verstand. Wie groß ist er? Ich finde keinen zweiten, um ihn zu vergleichen. Ich kann nicht sagen, wie groß mein Verstand ist.

Einige Gedanken und Gefühle sind klar, in der Mitte deines Aufmerksamkeitsfeldes, während andere vage, irgendwo am Rand sind. Einige bekommst du nur flüchtig zu sehen, wie ein schwaches Lichtflackern. Vielleicht hast du eine vage Erinnerung. Was war das? Du kannst dich nicht so richtig erinnern. Vage Gedanken und Bilder am Rande deines Bewusstseins. Dann jenseits von diesem Rand bist du dir keines weiteren Denkens bewusst. Außerhalb deiner Reichweite. Oder du könntest sagen, jenseits des schwächsten Gedankens beginnt das Gebiet, wo das Denken sich im Nicht-Denken auflöst, im Nicht-Verstand, no-mind. All diese gedankliche Aktivität erscheint und geschieht innerhalb dieses grenzenlosen Nicht-Verstandes, dem Bewusstsein, der Stille. Musst du aufhören zu denken, um diesen Nicht-Verstand zu erleben? Nein! Er ist da, wo dein Denken geschieht. Genau wie Klänge auf zauberhafte Weise aus der Stille aufsteigen, so erscheinen deine Gedanken innerhalb dieses geheimnisvollen Nicht-Verstandes, aus dieser grenzenlosen kreativen Leere heraus. Dann verschwinden sie dorthin zurück. Gedanken verdunkeln den Nicht-Verstand nicht, sie geschehen in ihm.

Sind deine Gedanken und Gefühle getrennt vom Rest deiner Erfahrungen, vom Rest der Welt? Du hörst den Verkehr. Gleichzeitig mit diesem Geräusch hast du vielleicht die bildliche Vorstellung eines Autos, die im Nicht-Verstand auftaucht. Findet deine gedankliche Vorstellung des Autos in einem getrennten Raum vom körperlichen Klang statt? In meiner Erfahrung nicht. Beide, das Bild und der Klang finden in dem einen Raum statt, in der einen Möglichkeit. Ist das Geräusch „da draußen", während dein Gedanke darüber „hier drinnen" ist? Konzentriere dich auf den Gedanken des Autos. Ich finde keine Trennungslinie zwischen meiner Vorstellung des

Autos und dem Geräusch des Autos. Jetzt könnt ihr eine Glocke läuten hören. Sind deine Reaktionen auf den Klang dieser Glocke vom Klang der Glocke getrennt?

Diese Worte lassen das ganze kompliziert klingen, wohingegen die Erfahrung einfach und selbstverständlich ist. Wenn ich sage, dass all dies in diesem einen Raum, der einen Möglichkeit, im Bewusstsein stattfindet, lässt es das ganze so klingen, als gäbe es zwei Sachen—Bewusstsein und das, was im Bewusstsein geschieht. Aber es gibt keine zwei Dinge—nur eins. Aber weil wir die Erfahrung haben, brauchen wir uns nicht allzuviele Sorgen um die Worte machen, die wir benutzen.

Öffnet eure Augen—erschafft den Raum innerhalb des Nichts wieder! Zusammen mit den Farben und Formen im Nichts und den Klängen und Empfindungen erscheinen die Gedanken und Gefühle.

Verbinden sich deine Gedanken und Gefühle nicht gleichzeitig mit deinen Empfindungen mit dem Raum? Meine Gedanken sind nicht in einer Art von Behälter hier, getrennt vom Raum dort. Meine Gedanken über den Teppich sind nicht hier in meinem Kopf, einige Zentimeter vom Teppich entfernt. Der Teppich, meine Gedanken, Gefühle, Geräusche—alle finden gemeinsam in diesem einen kopflosen Raum statt. Ich sage, dass ich gerade denke, aber ich könnte genauso leicht sagen, es ist der Raum, der gerade denkt. Oder das Eine denkt gerade. Es ist interessant zu sehen, was das Eine gerade denkt, oder? Du beobachtest die sich verändernden Gedanken des EINEN, wie das sich verändernde Wetter. Der Raum ist lebendig, voll ständig wechselnder Gedanken und Gefühle und Empfindungen. Sie springen aus dem Nichts heraus, oder? Die ganze Sache springt aus dem Nichts heraus, ohne dass irgendeiner die Fäden zieht.

Wir machen regelmäßige online-Video-Treffen. Heute Morgen sagte jemand, dass Gedanken wie Regen sind. Das ist toll—denn der Regen ist nicht in mir drin, sondern da draußen in der Welt. Also weist dieses Bild darauf hin, dass die Welt durchtränkt ist von Denken und Fühlen, dass die Gedanken da draußen sind, nicht hier drin. Hier innerhalb des Raumes ist es trocken! Kein Regen hier. Es ist ein wunderbares Bild—die Welt ist durchnässt von Gedanken und Gefühlen! Das vermittelt die Idee, dass es eine lebendige, denkende, atmende, fühlende Wel ist. Das Universum lebt. Ein lebendiges Universum wäre ein denkendes, fühlendes, atmendes Universum, oder? Ich beweise nun, dass es so ist!

Mark: Sehen, wer du wirklich bist, ist wie einen Regenschirm im Regen hochhalten.

Richard: Ja! Der Regenschirm deiner wahren Natur! Er hält dich trocken. Dort regnet es, aber weil der Regen deiner wahren Natur nichts anhaben kann, ist er gleichzeitig kein Problem. Die Welt ist durchnässt von Gefühlen und Gedanken. Deine Gedanken über dich verbinden sich jetzt mit dir, oder? Ja. Eure Gedanken über das, was jetzt gerade geschieht, sind in diesem Raum. Es sind die Workshop- Gedanken und -Gefühle. Es ist eine andere Art, über die Dinge zu denken. Es befreit dich, auf neue Arten zu denken. Und es befreit das Denken aus der Schachtel, von der du dir vorgestellt hast, dass es darin enthalten sei—der Schachtel deines Kopfes. Diese Befreiung deiner Gedanken öffnet dich dazu, kreativer zu sein. Du siehst, dass dein Denken und deine Reaktionen innerhalb des Nicht-Verstandes erscheinen—du bist offen, du kommst aus dem Nichts heraus. Der Nicht-Verstand denkt gerade und der Nicht-Verstand ist unbegrenzt.

Kinder wissen, dass ihr Verstand frei ist. Na ja, sie haben noch nicht gelernt, dass er in einer Schachtel weggesperrt ist, getrennt von der Welt. Als Kind findet das Denken in deinem „Schulheft" statt—bis du lernst, dass erwartet wird, dass du es hier in deinem Kopf tust. Es ist einfacher, da draußen in deinem Schulheft zu denken—weniger zugemüllt. Es gibt dort mehr Platz. Es ist schwieriger in dem winzigen Platz in deinem Kopf zu denken. Lass deine Ideen in deinem Schulheft aufsteigen, auf zauberhafte Art und Weise—lass dein Schreiben da draußen auf der Seite stattfinden. Lass deine Ideen sich aus dem Nicht-Verstand heraus entfalten, während du redest—Du musst nicht alles in einem erfundenen Verstand hier zurechtgelegt haben. Dein Verstand ist sowieso nicht hier. Das ist das Problem—dass du denkst, er sei hier, in deinem Kopf. Nein. Da ist nichts hier—dieses unglaublich kreative Nichts. Aus diesem Nichts heraus kommt das Universum, durchnässt von Gedanken. Es regnet Gedanken—poetisch, wunderschön. Es regnet gerade Gedanken. Ein verdammter Tornado ist das heute!

Wenn es regnet, übernimmst du keine Verantwortung dafür und machst es dir selbst schwer—„Es ist meine Schuld, dass es regnet." Wenn du erkennst, dass deine Gedanken wie Regen sind, da draußen in der Welt, dann sind sie nicht deine Schuld. Es regnet Gedanken. Natürlich hast du bewölkte Gedanken und sonnige Gedanken, und du bevorzugst die sonnigen, aber wenn du weißt, wo dein Verstand hingehört, wenn du siehst, wo er ist, dass er dort ist und nicht in der Mitte, bist du davon befreit. Dann gibt dein Verstand einen Stoßseufzer von sich. Er liebt dich dafür, dass du ihn da hin zurückkehren lässt, wo er hingehört. Er sagt: „Dankeschön", wenn du ihn da lässt, wo er ist. Wo ist dein Verstand? Das ist die Frage.

Einer meiner Freunde, Colin Oliver, hat ein Gedicht darüber geschrieben—

Gedanken-Bienen

Wenn Gedanken Bienen wären,
wer wollte sie einsperren
in einem engen Bienenkorb im Kopf?
Der, der zerschmettert
diesen Bienenkorb der Verstellung
mit dem raschen Hammer des Sehens
sieht keine Schachtel, kein Haus,
keine Tür, die zu verschließen ist.
Die Verzauberung der Bilder ist gebrochen
und der Schwarm
bricht aus
um sich in der Welt zu zerstreuen.

Der Bienenstock des Nichts
bringt der Welt
den Honig der Liebe,
und Gedanken-Bienen,
die beobachtet werden von der Königin
der Augen, wie sie frei umherziehen.

Wenn du deine Gedanken in deinem vorgestellten Kopf behältst, ist es nicht überraschend, wenn sie ärgerlich werden, wie eingesperrte Bienen. Zerschlag' den eingebildeten Bienenkorb mit dem raschen Hamer des Sehens! Die Gedanken-Bienen fliegen hinaus in die Welt. Sie sind nicht länger gefangen, summen nicht länger wie verrückt im Korb herum. Meine Gedanken sind frei im Raum. Meine Gedanken sind da draußen mit den Sternen. Dort gehören sie hin. Meine Gefühle sind auf freiem Fuß. Ich bin frei.

Kapitel 8

Niemals beunruhigt

William: Wenn ich mir des Raumes bewusst bin, hat ein sehr starker Gedanke nicht die gleiche Wirkung.

Richard: Er stört den Nicht-Verstand nicht, oder? Er kann den Nicht-Verstand gar nicht stören. Es ist nicht so, dass der Nicht-Verstand stark wird—er wird einfach nicht gestört. Also entspannst du dich. Du sagst: „Okay, das hat keinen Einfluss auf den Nicht-Verstand. Ich muss den Nicht-Verstand nicht irgendwie schützen oder ihn reinhalten. Er ist immer klar und rein."

William: Manchmal fühlt es sich so an, als wäre der Gedanke sehr groß, wie wenn ich meine rechte Hand direkt vor mein Gesicht halte. Sie ist größer als alles andere im Raum.

Richard: Wenn du das machst und deine Hand so groß wie das Zimmer ist, stört die Hand dann den Raum auf deiner Seite der Hand?

William: Es ist nicht angenehm.

Richard: Nein, es ist nicht angenehm, aber es stört den Raum nicht, oder?

William: Richtig.

Richard: Die Idee, dass deine wahre Natur frei von Störungen ist, spiegelt sich in den großen spirituellen Traditionen wider. Der Taoismus spricht vom „Horn des Stiers", das in Dinge hineinstoßen kann, aber nicht in die Leere. Worüber um alles in der Welt reden die da? Sie reden über den Raum, aus dem du herausschaust, denn nichts kann in diesen Raum hineinstoßen. Es ist nicht, weil du deine Übungen so weit entwickelt hast, dass die Dinge schließlich deine wahre Natur nicht mehr beeinflussen. Die Dinge haben deine wahre Natur nie beeinflusst, aber jetzt bist du dir dessen bewusst.

Mark: Aufgrund meiner vergangenen Erfahrungen in der Meditation mit Gurus, habe ich immer viele Erwartungen. Ich habe einen Geist, der denkt: „Dies sollte geschehen und jenes sollte geschehen", und wenn ich das nicht sehe, denke ich, es ist vielleicht nicht das Richtige. Wie gehst du mit einem Verstand wie meinem um?

Richard: Ein Verstand wie unserer! Nun, die Geste des zweiseitigen Zeigens weist auf die beiden Sichtweisen hin—nach innen zur Leere und nach außen zu dem, was die Leere füllt. In dieser Richtung nach innen siehst du diese Erwartungen nicht, oder?

Mark: Nein, aber mein Verstand ist immer noch da.

Richard: Ja, der Verstand ist Teil des Inhaltes dieses Raumes. Es geschieht irgendwo da, in dem Raum oder Nicht-Verstand hier. Das ist Meditation—Du achtest auf die Art und Weise, wie die Dinge im Augenblick sind und das beinhaltet auch die Erwartungen, egal welche gerade da sind. Es ist nicht in erster Linie die Frage, ob du deine Erwartungen los wirst, als vielmehr zu sehen, dass du hier in der Mitte frei von ihnen bist. Wir bringen unsere Aufmerksamkeit zu diesem Ort, zum Nicht-Verstand, der Quelle des Geistes, aus dem diese Erwartungen herauskommen. Der Punkt ist, diesen Ort der Freiheit und des Nicht-Denkens nicht zu übersehen—sogar während du denkst oder Dinge erwartest.

Mark: Gestern nacht, als ich meinem Bett lag, dachte ich: „Ich werde jetzt ein Experiment machen. Sei in diesem Raum." Plötzlich fing der Raum an sich auszudehnen. Dann kam der Verstand hinzu. Arghh!!

Richard: Ich weiß, aber daran ist nichts falsch. Das alles erscheint im Raum. Sei dir bewusst, dass diese Gedanken in diesem Raum auftauchen. Bleib dir einfach weiter des Raumes bewusst, der nicht von den Gedanken beeinflusst wird.

Dale: Ich habe viel in den verschiedenen Traditionen gelesen und habe viel Zeit damit verbracht, zu üben. Sie haben alle ihre großartige Weise, über diesen Punkt zu sprechen, aber ich glaube, das Problem ist, dass du immer die Erfahrungen hörst, die jemand anders davon hat. Dadurch werden wir beeinflusst und denken, wir sollten etwas Ähnliches wie ihre Erfahrungen erleben. Ich glaube, das ist der größte Fehler, weil es so grundlegend ist. Manche Leute werden wütend, manche Leute sind begeistert, aber als wir dann zurück zeigten und unsere Aufmerksamkeit einfach in der Klarheit von sich selbst ausruhte—das kommt und geht nie. Aber alles, was du benennen kannst, schon. Die Geschichte, die andere Leute weiterverbreiten, die aussagen, dass du dies oder jenes haben solltest, ist in Wirklichkeit gar nicht das, worauf hingedeutet wird. Diese Geschichte ist eine Erfahrung, ein Inhalt, der aufsteigt und wieder vergeht und dies ist das Unvergängliche. Das ist wirklich sehr schön. Dann ergeben einige dieser Erfahrungen einen Sinn, wenn das deine primäre Erfahrung ist. All diese Dinge kommen und gehen. Manchmal konzentrieren wir uns nach außen auf den Finger oder die Erfahrung und es ist eine Spitzen-Erfahrung, aber sie vergeht. Dann denken wir, dass wir es verloren hätten. Aber du kannst es gar nicht verlieren. Das ist die Freude, das Geheimnis darin.

Kapitel 9

Unsicherheit und Sicherheit

Roger: Kannst du mehr zum Thema Sicherheit sagen, denn ich kann zwar zu dem Ort gelangen, aber es bleibt trotzdem diese unterschwellige Angst. Ich wäre froh, mich sicher zu fühlen, aber dieses Gefühl ist nicht da. Dann denke ich „Gefühle sind nur innerhalb des Raumes und so weiter", aber könntest du mehr darüber sagen?

Richard: Ja, die Gefühle sind im Raum. Sogar diese tiefe unterschwellige Unsicherheit ist im Raum und beeinflusst ihn nicht—er ist immer mit irgendetwas gefüllt. Nun, immer wenn ein Gefühl der Unsicherheit hoch kommt, kannst du überprüfen, ob es den Raum beeinflusst. Benutze diese fortwährende Aufmerksamkeit. Das ist Meditation—es geht nicht darum, etwas zu vermeiden oder loszuwerden oder zu unterdrücken, es geht darum, sich darum zu kümmern, so wie es im Raum da ist. Du musst noch nicht einmal wissen, was etwas im Raum bedeutet, du kümmest dich nur darum im Nichts. Du hältst es im Nichts, das sich nie ändert und siehst, was geschieht. Nun hast du einen Ort, an dem du diese Unsicherheit aufnehmen kannst. Dieses Gefühl der Unsicherheit ist verständlich, denn vom Augenblick deiner Geburt an wurde dir gesagt, dass du dich mit dem da im Spiegel identifizieren sollst und offensichtlich ist der da im Spiegel sehr verwundbar. Sich unsicher zu fühlen ist verständlich, weil Unbestimmtheit und Unsicherheit deinem Leben zu Grunde liegen. Es wäre eigenartig, wenn du dich nicht manchmal unsicher fühlen würdest. Es ist ein passendes Gefühl.

Das muss man anerkennen, denn wenn wir diese grundlegende Unsicherheit fühlen, denken wir, es müsste etwas falsch mit uns sein. „Wie kommt es, dass ich mich so fühle und alle anderen nicht? Da muss etwas nicht mit mir stimmen!" Aber nein. Diese grundlegende Unsicherheit zu fühlen ist tatsächlich manchmal passend. Und du kannst diese grundlegende Unsicherheit nicht auf ihrer eigenen Ebene auflösen, denn als menschliche Person bist du verletzlich, du neigst zu Unfällen aller Art und du wirst sterben. Wir wissen das. Du kannst nicht leugnen, was auf dieser Ebene wahr ist. Aber jetzt sind wir auch zu der Ebene erwacht, die frei und sicher ist. Jetzt können wir dieses unsichere Gefühl ansehen, in Erwägung ziehen und innerhalb dieser Sicherheit, die nicht von irgendetwas abhängt, hätscheln. Das ist keine Art und Weise, Gefühle zu unterdrücken oder zu manipulieren, es bedeutet zu sehen, wo die Gefühle sind. Du bist der Raum, in dem diese Unsicherheit stattfindet. Probier's aus. Sehen löst deine Sorge nicht unbedingt direkt auf, wenn du also das Nichts auf angstmachende Gefühle anwendest und sie nicht unmittelbar weg gehen, sei dir bewusst, dass du nicht irgendetwas falsch machst. Bleib einfach dran. Das ist die Meditation—zweiseitige Aufmerksamkeit. Das ist in dem Sinne vernünftig, weil es einfach und klar ist und du es sofort tun kannst. Du verleugnest nicht, was du fühlst oder tust so, als ob du nichts fühlen würdest. Du erkennst an, dass es einen sehr guten Grund dafür gibt, sich ängstlich zu fühlen. Aber du siehst jetzt auch, dass du mehr bist, als dein verletzliches menschliches Selbst. Du bist der Raum, in dem all das geschieht. Es gibt keine Verletzlichkeit, keine Angst in dem Raum.

Roger: Zu dem, was du gerade gesagt hast, Richard—dass die Verletzlichkeit und Unsicherheit natürlich ist. Die Gesellschaft sagt, dass du dich die ganze Zeit gut fühlen solltest und wenn du das nicht tust, wenn du diese natürlichen Gefühle empfindest, gibt es eine Tendenz zu fühlen, dass etwas falsch mit mir ist. Ich verstehe heute, dass es in dieser ganzen Erfahrung nicht darum geht, sich gut zu fühlen, sondern darum, was auch immer gerade ist zu akzeptieren, im Augenblick—nur Aufmerksamkeit zu geben, ohne zu beurteilen. Nur beobachten, nur in Meditation bleiben.

Richard: Zwei-seitige Aufmerksamkeit.

Roger: Und es verändert sich.

Richard: Es ist eine Entdeckungsreise, kein Rezept. Es ist eine Entdeckung. Du hast jetzt den Schlüssel, um diese Tür zu öffnen und hindurchzugehen und herauszufinden, was passiert, anstatt über etwas, das du gelesen hast, nachzudenken und was passieren sollte und zu versuchen, das geschehen zu lassen. Nein. Du hast jetzt den Generalschlüssel. Wenn dieses unsichere Gefühl kommt, benutze den Schlüssel. Schau dir das Gefühl von dieser offenen Tür aus an. Dann hast du das Abenteuer herauszufinden, was passiert, während du die Erfahrung machst, dass du grundsätzlich sicher bist.

Roger: Das nimmt ziemlich viel Anspannung weg, wenn es nicht um Selbst-Verbesserung geht, sondern um Selbst-Entdeckung.

Richard: Ein Abenteuer macht viel mehr Spaß als ein Programm.

Kapitel 10
Leidenschaft und Abstand

Carol: Werden Gefühle nicht weniger stark, wenn du realisierst, dass du das Eine bist? Du hängst nicht mehr an der Geschichte, die Geschichte hängt nicht an Gefühlen. Es wirkt nicht so stark. Ich fühle mich eher losgelöst, als mehr verbunden.

Richard: Ich denke, jeder ist anders. Ich finde, dass mein Leben intensiver wird. Ich fühle leidenschaftlicher—obwohl ich gleichzeitig von dieser Freiheit her schaue, dieser Losgelöstheit. Es ist ein Paradox. Wenn du siehst, dass du offen gemacht bist und du sicher bist, kannst du mehr Risiken eingehen.

Henry: Ich habe nicht gehört, was du gesagt hast.

Richard: Grundsätzlich bist du offen und sicher, oder? Das erlaubt dir als menschliches Wesen mehr Risiken einzugehen und mehr zu vertrauen, denn du hast das Sicherheitsnetz dessen, der du wirklich bist. Wenn du dieses Sicherheitsnetz nicht hättest, würdest du immer vorsichtiger werden, je älter du wirst. Aber wenn du siehst, wer du wirklich bist, wird dein Leben weiter und tiefer.

Barbara: Ich dachte, ich würde die Dinge weniger stark empfinden. Ich fühle stärker, aber ich reagiere anders darauf. Wenn zum Beispiel jemand, den ich liebe, stirbt, empfinde ich das nicht weniger. Es macht mir nicht weniger aus. Aber die Reaktion und die Art und Weise, wie du die Geschichte, die damit einhergeht, einrahmst, ändert sich durch diese Bewusstheit.

Diana: Es gibt weniger Leiden, weil du es als das, was es ist, hinnimmst. Du fühlst es nicht weniger tief, du fühlst es unterschiedlich.

Richard: Ja, gut ausgedrückt.

Kapitel 11

Angst vor Nichts

Eric: Ich bin wütend, weil da nichts hier ist. Da ist nichts hier. Ich zittere. Es ist nur reiner Geist, es ist einfach nichts. Habe ich recht? Ich bin überwältigt.

Richard: Ich glaube, ich weiß, worüber du redest. Es ist manchmal überwältigend. Ich weiß nicht, ob das helfen wird, aber in meiner Erfahrung ist es klar, dass dieses Nichts immer voll von irgendetwas ist. Es ist nie einfach nur leer. Wenn wir also „leer" sagen, sollten wir besser sagen: „leer, um mit etwas gefüllt zu werden". Es ist die Begrenztheit der Sprache. Die Erfahrung selbst ist nicht-sprachlich. Wenn du mich anschaust, siehst du dein Gesicht nicht—und genau gleichzeitig siehst du mein Gesicht. Dein Nichts ist also immer voll. Es ist gefüllt mit allem, bis zu den Sternen. Und es ist bewusst. Die Idee des Nichts ist furchterregend, aber die tatsächliche Erfahrung ist, dass es voll und bewusst ist.

Eric: Ich sehe, dass da nichts ist und ich bringe alles hinein, um es okay zu machen.

Richard: Die grundliegende Sache ist, Aufmerksamkeit dafür, wie die Dinge sind, anstatt zu versuchen, die Dinge so zu beeinflussen, dass sie okay sind. Für mich ist es so, wie es ist, bevor ich versuche, Dinge zu verändern, damit ich mich besser fühle und dass es nicht nur leer ist, sondern gleichzeitig voll. Es ist so, ob mir das nun gefällt oder nicht.

Eric: Hat es so oder so eine Bedeutung? Ich versuche gerade, das Kind zu schaukeln.

Richard: Sehr gut. Ja, schüttle es mal richtig durch. Wir sind nicht hier, um eine tröstende Botschaft um ihrer selbst willen zu verbreiten. Wir sind hier, um wach zu sein dafür, wie die Dinge sind und dann mit Demut hinzunehmen, wie die Dinge sind und dann herauszufinden, ob es funktioniert, von der Wahrheit, statt von einer Lüge aus zu leben. Ich kann berechtigterweise nur von meiner eigenen Erfahrung sprechen. Meine Erfahrung ist, dass dieses Nichts voll ist und das es da keine Trennungslinie zwischen diesem Nichts und dem, was darin ist, gibt. In der Sprache sieht es so aus, als wäre da „Nichts" und „etwas", aber in der Erfahrung verschmelzen sie. Es sind nicht zwei.

Kevin: Alles, was du erlebst, bist du.

Richard: Was wir hier machen, ist, unsere Aufmerksamkeit da hin zu lenken, was dieses „Du" ist. Die Gesellschaft spiegelt immer wider, wie du aussiehst und sagt dir, dass du der da im Spiegel bist, was natürlich aus Sicht der Gesellschaft wahr ist.

Jennifer: Was ich mir innerlich vorstelle, ist, wie ich für mich selbst aussehe.

Richard: Genau. Aber dann schauen wir auch nochmal neu, wie wir tatsächlich für uns selbst aussehen.

Kapitel 12

Die vier Stufen des Lebens

Ich werde nun einen Vorschlag machen, wie die Erfahrung der Kopflosigkeit zu den Entwicklungsstufen unseres Lebens passt. Es gibt die Möglichkeit von vier hauptsächlichen Stufen in unserem Leben: der Säugling, das Kind, der Erwachsene und der Sehende.

Stufe eins—Der Säugling

Auf der ersten Stufe des Säuglings bist du kopflos, frei, Raum für die Welt. Du hast noch kein Bewusstsein der drei grundlegenden Sichtweisen der Welt—Raum, Zeit und Bewusstsein.

Raum

Dein Gesichtfeld ist irgendwie oval, oder? Du kannst nichts drumherum sehen. Wenn du irgendetwas ansiehst, ist das Ding, das du anschaust, in der Mitte deines Sichtfeldes. Es ist am stärksten im Fokus. Dann, wenn du auf das restliche Sichtfeld aufmerksam wirst, werden Objekte ungenauer und verschwommener, bis du schließlich nichts mehr sehen kannst. Ich rede über dein tatsächliches Sichtfeld. Dieses Sichtfeld, dein einziges Auge, ist alles, was du kanntest, als du ein Säugling warst. Als Säugling hast du noch keinen Begriff davon, dass irgendetwas außerhalb deines Sichtfeldes existiert—zum Beispiel die Decke. Du bist dir noch nicht bewusst, dass Dinge außerhalb des linken Randes deines Sichtfeldes existieren oder des rechten Randes, unterhalb des Sichtfeldes oder „hinter dir". Du stellst dir nichts „hinter dir" vor—eine Mauer zum Beispiel. Alles, was du „hinter dir" siehst, ist das Nichts. Der einzige körperliche Raum, der für dich existiert, ist das, was du tatsächlich siehst—das Blickfeld, das da im Nichts hängt. Genausowenig hast du, wo du bist, irgendeine Idee eines Kopfes oder eines Körpers genau in deiner Mitte. Du bist durchscheinend. Wenn jemand an dir vorüber geht, geht er nicht an „dir" vorbei—er verschwindet in der großen Leere. Dann erscheint jemand anders auf magische Weise aus der großen

Leere! Du lässt dein Spielzeug fallen und es verschwindet hinter dem Rand der Welt, hinunter in den großen Abgrund. Dann holt es deine Mutter aus dem absoluten Nicht-Sein zurück!

Vor-sprachlich, du dachtest nicht in diesen oder irgendwelchen Bezeichnungen. Ich bin offensichtlich ein Erwachsener, ein Sehender, der diese Erfahrung beschreibt, aber meine eigene momentane Bewusstheit des Raumes, in dem ich bin, ermöglicht es mir, meine Erfahrung als Säugling zu verstehen, da sich in einem grundlegenden Sinne nichts geändert hat. Ich bin jetzt der selbe kopflose Raum, der ich damals war—das Sichtfeld treibt immer noch im Nichts. Obwohl ich als Erwachsener über den Rest der Welt, den ich nicht sehen kann, Bescheid „weiß", ändert mein Wissen die grundlegende Erfahrung nicht, kopflos zu sein, frei zu sein.

Zeit

Die Idee der Zeit, von Vergangenheit und Zukunft, ist ebenso eine Idee, die du noch nicht entwickelt hattest. Du warst dir nur des Jetzt bewusst, dieses gegenwärtigen Momentes—kein Davor oder Danach von dem, was gerade geschieht, nur jetzt und jetzt und jetzt. Wieder ermöglicht es mir meine eigene Bewusstheit als Sehender, dass mein Sein nicht in der Zeit ist, den zeitlosen Zustand, den ich als Säugling erfahren habe, zu verstehen.

Bewusstsein

Bewusstsein von „selbst" und „anderen" gehören zusammen. Um mir meiner selbst bewusst zu werden, muss ich die Fähigkeit entwickeln, in deine Haut zu schlüpfen und „mich selbst" durch deine Augen zu sehen—weil meine äußere Erscheinung hier in meiner Mitte nicht existiert, sie verkörpert sich in der Entfernung in „anderen". Als Säugling hatte ich diese Fähigkeit noch nicht entwickelt, aus mir heraus zu gehen, mich umzudrehen und zurück zu mir selbst zu schauen. Wenn ich jemanden ansehe, sehe ich mich selbst noch nicht von seinem Standpunkt aus. Ich verstehe noch nicht, dass er ein getrenntes Bewusstsein da drüben ist, in dem Körper dort, in dem Kopf dort und dass er aus den Augen dort heraus auf die Welt und auf „mich" schaut. Ich habe noch keine Ahnung davon, dass andere sehen, hören, denken. Ich erfahre „andere" einfach als Erscheinungen in meinem Bewusstsein. „Andere" sind nicht bewusster, als der Fußboden bewusst ist. Ich denke noch nicht, dass da ein „du" dort drüben in dem Körper ist, das „mich" anschaut, in einem Körper hier.

Weil du dich nicht fühlst, als ob du angeschaut wirst, schaust du un-selbst-bewusst. Wenn du jetzt ein Säugling wärst und wir dich in die Mitte des Kreises von Leuten hier setzen würden, würdest du es nicht so empfinden, dass dich 20 Leute anschauen. Keines dieser Augen ist mit Bewusstsein geladen, starrt dich an und beurteilt dich. Also machst du dir noch keine Gedanken darüber, dass dich andere sehen, es gibt keine Reaktionen, die auf dem Gedanken aufbauen, dass du angeschaut wirst. Welche Gefühle auch immer du hast, sie sind noch nicht in der „Schachtel" deines „Kopfes"— sie schweben im Raum herum, in der Luft. Un-selbst-bewusst, schaust du nur. Nachdem du ein Gesicht angestarrt hast, schaust du vielleicht an dem Gesicht vorbei auf einen Schatten an der Wand und es ist einfach nur interessant. Der Schatten ist nicht weniger lebendig als das Gesicht. Die Spontaneität deines Verhaltens ist nicht durch irgendwelche Gedanken, was „andere" denken könnten, eingeschränkt.

Du hast dein Leben in diesem Zustand begonnen, als dieser weit offene Raum. Du warst noch gar nicht in der Welt, die Welt war in dir. Genausowenig warst du schon innnerhalb der Zeit. Und du warst noch kein „Selbst" zwischen „anderen"—die Welt war noch nicht auf diese Art und Weise aufgeteilt. Du als das Eine warst noch nicht „einer unter vielen" geworden.'

Ansteckend

Stell dir weiter vor, dass du ein Säugling bist. Du bist der Raum, in dem alles geschieht. Du bist nicht-selbst-bewusst. Du erfährst dich selbst als frei, offen. Wenn du irgendein Gesicht anschaust, nimmst du dieses Gesicht auf, ohne dich gehemmt zu fühlen. Du überträgst deine Offenheit auf jeden um dich herum. Deine Offenheit ist ansteckend. Nicht-sprachlich gibst du jedem um dich herum die Erlaubnis, offen mit dir zu sein, ohne jede Anstrengung, ohne Worte. Als Erwachsener wendest du dich vielleicht vom Gespräch mit einer Mutter ihrem Säugling zu, um ihm Grimassen zu schneiden. Du fängst an „Babysprache" zu sprechen—„Dududu". Dann wendest du dich zurück zur Mutter und eurem Erwachsenen-Gespräch—„Du hast ein wunderschönes Baby!" Du bist gerade von einer Bewusstseinsstufe zu einer anderen und wieder zurück gegangen. Dann wendest du dich erneut dem Säugling zu und verlierst deinen Kopf wieder—weil das Baby selbst keinen Kopf hat, ist da kein Hindernis. Ein Grund dafür, warum Menschen gerne mit Kleinkindern zusammen sind, ist, dass ihre Offenheit ansteckend ist. Wenn du Babies anschaust, laden sie dich dazu ein, mit ihnen kopflos zu sein. Der Säugling steckt dich mit seiner Offenheit an. Ohne Worte sagt das Baby zu dir: „Ich bin kopflos, ich bin weit offen, komm und mach mit mir mit, komm und sei kopflos mit mir." Weil es für sich selbst kein Gesicht hat, fühlt es sich von dir nicht angeschaut. Es schaut dich an, aber es versteht noch nicht, dass deine Augen sehen. Es fühlt sich nicht unter Kontrolle. Seine fehlende Befangenheit ist eine Einladung an dich, dich mit ihm in die Offenheit fallen zu lassen. Wir wurden alle in diesen ansteckenden Zustand hineingeboren— Offenheit aussendend.

Der Spiegel

Schau in den Spiegel auf der Karte. Stell wir vor, du wärst ein Säugling und siehst dort das Gesicht eines Babies—dein Gesicht, wie du als Säugling ausgesehen hast. Aber das bist nicht du. Das kannst gar nicht du sein, denn es ist da drüben und du bist hier! Und es ist klein, während du grenzenlos bist—du bist überhaupt nicht so! Du hast dieses Gesicht noch nicht hier über deine Mitte gestülpt. Wenn deine Mutter mit dir zusammen in den Spiegel schaut, siehst du zwei Gesichter dort, aber du denkst nicht, dass eines davon deins ist. Keines von beiden hat irgendetwas mit dir zu tun.

Empfindungen

Du denkst nicht, dass deine „körperlichen Empfindungen" innerhalb eines Körpers hier, getrennt vom Rest der Welt stattfinden—du weißt noch nichts von „innen" und „außen". Bevor du gelernt hast, dir dein Gesicht und deinen Körper hier in deiner Mitte vorzustellen, sind deine Empfindungen nicht in irgendetwas enthalten. Sie schweben im Raum herum, sie sind frei im Raum, „in der Luft" sozusagen. Sei dir des Gefühls deiner Stirn bewusst. Du kannst deine Stirn nicht sehen. Wie weit reicht diese Empfindung nach gegenwärtigen Anzeichen? Für einen Säugling kann das so weit wie das Zimmer sein! Wo ist sie? Das ist eher schwer zu sagen— irgendwo in der Nähe des Ventilators? Welche Farbe hat sie? Keine Ahnung. Wenn du als Säugling in das Gesicht von jemand anders schaust, fühlst du deine Empfindungen „hier", du denkst nicht von ihnen, dass sie innerhalb eines „Gesichts" hier sind und dich von der Person dort trennen. Beides, deine Empfindungen und das Gesicht der Person erscheinen zusammen im Raum. Es ist das selbe mit deiner Erfahrung von Geschmack und Gerüchen und Geräuschen—sie sind alle weder in dir drin noch außerhalb von dir. Alles, was du erlebst, erscheint in dem Raum, in dem du bist.

Stufe zwei—Das Kind

Auf der zweiten Stufe des Kindes wirst du beweglicher und daher nimmt deine Fähigkeit zu, alleine die Welt zu erforschen. Und du fängst an, Sprache zu verstehen, so dass du beginnst zu begreifen, wie die Erwachsenen die Welt sehen. Die Kindheit ist die Übergangsperiode zwischen dem Säugling, der seiner „selbst" und der „anderen" nicht bewusst ist und dem Erwachsenen, der überzeugt ist, dass er oder sie ein getrenntes „Selbst" in einer Gesellschaft von „anderen" ist.

Als Kind fängst du an, dich mit Dem-da-im-Spiegel zu

identifizieren—du lernst, deine menschliche äußere Erscheinung anzulegen, Verantwortung für die Person zu übernehmen, die du da siehst. Gleichzeitig fängst du an zu verstehen, dass „andere" real sind. Eine bedeutsame und folgenschwere Veränderung findet statt—der Übergang, eine getrennte Person zu sein, statt des Raumes, der alles beinhaltet und der Übergang, andere auch als getrennt und bewusst zu sehen und nicht nur als „Bilder im Bewusstsein". Du trittst dem „menschlichen Klub" bei und das Eintrittsgeld besteht darin, zu akzeptieren, dass du deine äußere Erscheinung bist und andere real sind.

Gemeinsam mit dieser wachsenden Bewusstheit von dir selbst und anderen geht eine wachsende Bewusstheit von Raum und Zeit einher. Wenn du anfängst, dich selbst von außen zu betrachten, siehst du dich gleichzeitig vor einem Hintergrund, und dieser Hintergrund wächst, während sich dein Wissen über die Welt vergrößert—vom unmittelbaren Hintergrund des Zimmers (in dem dich andere sehen) zu deiner Stadt, deinem Land, deinem Planeten, Stern... Du lernst, dein aktuelles Blickfeld, das keinen Hintergrund hat, innerhalb dieser größer und größer werdenden Hintergründe zu sehen, das hinzufügend, was tatsächlich jenseits der Grenze deines Bickfeldes liegt. Jetzt „weißt" du, was ober- und unterhalb deines Blickfeldes liegt oder links oder rechts davon oder „hinter dir". Jetzt „weißt" du auch, was vor diesem jetzigen Moment war und was danach kommen könnte—die Vergangenheit und die Zukunft. Du lernst, dich innerhalb der Zeit zu verorten.

Der Spiegel

Als Kind findest du heraus, welche äußere Erscheinung deine ist, in welcher „Schachtel" du drin bist, innerhalb welches Körpers. Haltet die Karte nochmal auf Armeslänge von euch entfernt und schaut in den Spiegel. Obwohl du als Kind das Gesicht da vorne im Spiegel gesehen hast, bist du im Lernprozess, dass das Kind dort „wirklich" am nahe gelegenen Ende deines Armes ist, in deiner Mitte. Du lernst, diese äußere Erscheinung anzunehmen, dieses Gesicht anzulegen, als würdest du eine Maske aufsetzen.

Es gibt Spielchen, die du lernst, mit dem Spiegel zu spielen, die dir ermöglichen dein Gesicht „anzuziehen" und eine Person zu werden, ein Mitglied des „menschlichen Klubs". Stell dir vor, folgendes zu machen—fasse in den Spiegel, greif' dir das Gesicht da und ziehe es aus dem Spiegel heraus zu dir hin. Zieh es auseinander, um es größer zu machen—es ist viel zu klein. Dann stülpe die Innenseite nach außen, wie eine Gummimaske, denn es schaut in die falsche Richtung. Dann setz' es direkt auf—klebe es auf dein Nichts in deiner Mitte. Genauso, wie du dir vorstellst das Bild deines Gesichts über den Raum hier zu ziehen, musst du dir vorstellen, dass du das Bild deines ganzen Körpers anziehst.

Jennifer: Besonders Frauen.

Richard: Auf andere Art als Männer vielleicht, aber Männer machen das genauso gründlich. Das musst du. Als Kind findest du durch andere und den Spiegel heraus, wer du innerhalb der Gesellschaft bist. Wir nehmen alle diese Identität an und ziehen sie an, wie wir unsere Kleider anziehen.

Wenn du ein Kind bist, schauen die Erwachsenen mit dir zusammen in den Spiegel und erzählen dir, dass „du" das Kind da bist. Die Aufgabe des Erwachsenen ist, dem Kind beizubringen, diese äußere Erscheinung anzunehmen. Aufwachsen heißt, die Gewohnheit zu entwickeln, dir diese äußere Erscheinung in deiner Mitte vorzustellen—dich selbst so zu sehen, wie dich die anderen sehen. Immer stärker ignorierst und unterdrückst du den Raum, das ungeteilte Bewusstsein, das du bist.

Bild und Empfindung miteinander verbinden

Wenn du jemand anschaust, sein Gesicht anschaust, lernst du, dir gleichzeitig dein eigenes Gesicht vorzustellen. Du lernst „Gesicht-zu-Gesicht" mit anderen zu sein. Das beinhaltet, dass du die unsichtbare Empfindung, die du „hier" fühlst, mit dem Bild deines Gesichts verkleidest.

Schau in den Spiegel und berühre dein Kinn. Sei dir des Gefühls deines Kinns bewusst, gleichzeitig mit dem Anblick deines Kinns im Spiegel. Ich erfahre die Empfindung, die ich mein Kinn nenne, irgendwo hier, aber ich kann mein Kinn nicht hier sehen—es ist eine Empfindung ohne Bild. Im Spiegel sehe ich das Bild meines Kinns, aber ich ich fühle dort nichts. Ich sehe also das Abbild dort im Spiegel und habe die Empfindung irgendwo hier. Während der Kindheit lerne ich, das Bild dort im Spiegel auf die unsichtbare Empfindung hier zu übertragen. Im Verlauf muss ich es von innen nach außen stülpen und vergrößern—so dass es richtig herum ist und groß genug. Ich lerne zu denken und so zu tun, als ob das Abbild meines Kinns hier wäre. Obwohl ich es hier nicht sehe, „weiß" ich, dass es hier ist.

Hör auf, in den Spiegel zu sehen, aber fass' weiterhin dein Kinn an. Du siehst dein Kinn nicht länger. Als Kind musst du lernen, das Bild deines Kinns im Gedächtnis zu behalten, so dass die Empfindung mit dem Bild überzogen wird, sogar wenn du nicht in einen Spiegel schaust. Du lernst, dein Gesicht den ganzen Tag lang zu tragen. Berühre deinen Hinterkopf. Obwohl du deinen Hinterkopf nicht siehst, hast du ein inneres Bild von ihm. Als Kind hast du wahrscheinlich auf Fotografien von dir von hinten geschaut oder du hast gesehen, wie andere ihren Kopf anfassten—von diesen Beobachtungen hast du gelernt, die Empfindungen mit dem Bild zu verbinden. Das ist offensichtlich eine schlaue Sache, denn sonst würdest du dir den Kopf an niedrigen Türöffnungen stoßen!

Als Kinder lernen wir, was wir für andere sind, in welcher „Schachtel" wir stecken, in welchem Körper wir sind. Da ist er im Spiegel—das ist dein Körper, bewohne ihn!

Mitgefühl

Das Bild deines Körpers auf deine Gefühle übertragen zu lernen, heißt, dass du dann zu „anderen" in Beziehung treten kannst. Ich schaue dich jetzt an und stelle mir gleichzeitg mein Gesicht hier vor, indem ich die Empfindungen, die ich habe, mit einem Bild verknüpfe. Dann führe ich einen ähnlichen Prozess im Bezug auf mein Verständnis von deiner Erfahrung durch. Ich sehe dein Gesicht, aber ich erfahre keine Empfindungen dort; weil ich gelernt habe, ein Bild meines Gesichts an die Empfindungen hier zu heften, stelle ich mir jetzt Empfindungen da drüben in deinem Gesicht vor. Das bedeutet, ich kann mir vorstellen oder mich hineinversetzen, wie du fühlst. Wenn du also lächelst, weiß ich, wie sich das anfühlt, weil ich das Bild meines lächelnden Gesichts im Spiegel gesehen habe und ich mir der Empfindungen, die mit diesem Lächeln in dem Raum hier einhergehen, bewusst bin. Weil ich weiß, wie sich ein Lächeln hier anfühlt, kann ich mir die Empfindung deines Lächelns dort drüben in dir vorstellen. Ohne die Fähigkeit, das Bild im Spiegel auf die Empfindung dort, wo du bist, zu übertragen, wärest du nicht fähig, mit anderen mitzufühlen. Wenn du mich lächeln siehst, weißt du, wie sich das anfühlt, weil auch du das Bild des Lächelns im Spiegel mit den Empfindungen, die du im Raum hast, verbunden hast—wenn du also mich lächeln siehst, ist es fast, als ob du mein Lächeln fühlen könntest. Du fühlst mein Lächeln nicht, du „fühlst mit mir mit". Du stellst dir vor, dass du an meiner Stelle bist—an Stelle meines Kopfes, in meinem Körper.

Stell dir vor, du wärst ein Kind und dein Bruder sitzt neben dir. Du zwickst ihn gerne, weil er dann aufspringt und ein lustiges Gesicht macht! Das macht Spaß anzusehen. Bis er das selbe mit dir macht… Es tut weh! Und er sagt: „So fühlt sich das an! Jedes Mal, wenn du das mit mir machst, werde ich das gleiche mit dir machen." Du hörst bald damit auf, ihn zu zwicken. In diesem Augenblick hast du gelernt, dass er Empfindungen in seinem Körper hat. Vorher hattest du davon noch keine Ahnung. Nach dieser Erfahrung, dieser „Unterrichtsstunde", kannst du immer noch nicht fühlen, was jemand anders fühlt, aber du akzeptierst jetzt, dass sie irgendetwas fühlen. Mit dem Sehen ist es genauso. Du hast keinen direkten Beweis dafür, dass die Augen in all diesen Köpfen in diesem Kreis von Leuten tatsächlich sehen. Soweit du weißt, sind sie alle nur „Bilder im Bewusstsein". Aber während du aufwächst, lernst du, dass diese Leute dich anschauen, denn sie sagen es dir. Sie sagen dir, dass sie dich sehen können. Und sie sagen dir, dass sie deine Augen sehen können und dass du durch deine Augen schaust—deine beiden Augen—wie sie. Sie bestehen darauf, dass du nicht aus einer grenzenlosen Öffnung, aus einem einzigen Auge schaust, du siehst durch zwei kleine „Fenster“. Sie sagen dir auch, dass deine Gedanken in deinem Kopf sind.

Ein getrennter Verstand

Die einzigen Gedanken, die du je erfahren hast, sind deine eigenen. Wo sind deine Gedanken—vorliegenden Anzeichen gemäß? Du kannst deinen Kopf nicht sehen, also siehst du keinen Behälter für sie in deiner Mitte. Da ist nichts, worin du sie aufbewahren kannst. Du könntest sagen, dass sie frei im Raum sind, oder? Sie schweben in der Luft herum. Oder du könntest sagen, dass sie im Bewusstsein sind, im Raum—der auch das Zimmer enthält. Als du ein Säugling und ein kleines Kind warst, hast du deine Reaktionen draußen im Raum erlebt. Sie waren Teil der Sicht nach außen. Deine Gefühle und deine körperlichen Empfindungen waren frei. Erwachsen werden bedeutet, diese Dinge zu zentralisieren, sie vom Rest der „Welt da draußen“ zu trennen und sich vorzustellen, dass sie in dir drin sind, in deinem Kopf hier, in deinem Körper—weil die Gesellschaft dir sagt, dass dein „Verstand“ oder „Geist“ in deinem Kopf, deine Gefühle in deinem Körper seien. Wenn du die Idee verinnerlichst, dass deine Gedanken in deinem Kopf drin sind, dann nimmst du ebenfalls an, dass andere Köpfe auch Gedanken in sich haben müssen.

Als kleines Kind bist du dir noch nicht bewusst, dass andere einen Verstand haben. Es gibt einen Test, den Psychologen machen, um zu sehen, ob ein Kind die Stufe erreicht hat, wo es die „Wirklichkeit“ des Verstandes anderer akzeptiert. Der Psychologe holt eine Schachtel mit Stiften und zeigt dem Kind, was in der Schachtel ist. Stell' dir vor, dass du das Kind bist. Du siehst die Stifte in der Schachtel. Dann schließt der Psychologe die Schachtel, so dass du die Stifte jetzt nicht mehr siehst, aber natürlich weißt, dass sie da drin sind. Dann kommt jemand in den Raum und der Psychologe fragt dich: „Weiß diese Person, was in der Schachtel ist?" Du sagst: „Ja." Du weißt, was in der Schachtel ist, also nimmst du an, dass es jeder weiß. Was dich betrifft, ist der Gedanke der Stifte in der Schachtel da draußen im Raum, in der Luft, er ist Allgemeinwissen, eine öffentliche Tatsache. Weil du es weißt, weiß es jeder. Sechs Monate später führt dich der Psychologe durch den selben Ablauf. Die Schachtel ist geschlossen, aber du weißt, dass diesmal bunte Klötze darin sind. Dann kommt jemand in den Raum und du wirst gefragt, ob diese Person weiß, was in der Schachtel ist. „Natürlich nicht," antwortest du. Deine Antwort zeigt, dass du nun die Idee, dass andere ebenfalls einen eigenen Verstand haben, verinnerlicht hast. Du nimmst jetzt den Blickwinkel ein, dass du in deinem Kopf drin bist, in deinem Körper und dass andere nicht sehen können, was du gerade denkst und fühlst. Deine Gedanken sind nicht „da draußen" in der Welt, wo jeder sie sehen kann, sie sind versteckt in deinem Kopf—deinem Kopf, von dem du überzeugt bist, dass er da in deiner Mitte ist, obwohl du ihn nicht sehen kannst. Dein „Verstand" ist jetzt also persönlich, privat. Dein Wissen der bunten Klötze ist „deins", es ist in „deinem Kopf". Du fängst jetzt an, ein „inneres Leben" zu haben, das alleine deins ist, zu dem niemand anders Zutritt hat. Du fängst an zu verstehen, dass du Geheimnisse haben oder sogar Lügen erzählen kannst, weil keiner deine Gedanken sehen kann. Du beginnst zu begreifen, dass du getrennt bist. Gleichzeitig beginnst du zu verstehen, dass „andere" im selben Zustand sind—sie sind in ihren Körpern und du kannst nicht sehen, was sie denken und fühlen. Sie sind getrennt, wie du.

Flexible Identität

Es ist eine erlernte Sache, in deinem Körper zu sein, ein getrenntes Einzelwesen zu werden. Du wirst nicht in einem Körper geboren, du wirst nicht getrennt geboren. Du musst über deinen Körper lernen und lernen, hineinzukommen und lernen, so zu tun als wärst du in diesem Körper. Als Kind findest du heraus, in welchem Körper du bist—du lernst, als wen dich andere sehen, wer du in der Gesellschaft bist. Aber du vergisst es ständig—vergisst, dass du der da im Spiegel bist. Du musst daran erinnert werden, dass du in diesem Körper bist, dass du getrennt bist, dass da andere Verstand haben, dass da „andere" sind. „Du bist nicht der einzige hier! Du bist nicht der Mittelpunkt der Welt. Die Welt dreht sich nicht um dich!" Aber du vergisst es immer wieder. Deine Grundeinstellung ist, dass da nur ein Verstand ist—deiner; ein Feld von Körperempfindungen—deine; ein Bewusstssein—deins. Deine Grundeinstellung ist, dass du dir deiner äußeren Erscheinung nicht bewusst bist, dass du offen für die Welt bist—du lebst ungehemmt von deiner eigentlichen Offenheit aus. Weil es Zeit braucht zu lernen, dass du in dem bestimmten Körper, den du im Spiegel siehst, bist, könntest du als Kind auch gut in irgendeinem „Körper" sein. Daher ist es genauso einfach, ein Zug oder ein Auto oder ein Löwe zu sein, wie es ist, ein Junge oder Mädchen zu sein. Und viel mehr Spaß! Du experimentierst mit verschiedenen Identitäten. Häufig vergisst du, das du in irgendeiner „Schachtel" oder einem Körper bist und rennst „kopflos" und „körperlos" herum! Das ist eine sehr freie, offene, spontane, kreative, spielerische Stufe in deinem Leben.

Ansteckend

Auf welcher Bewusstseinsstufe wir uns auch immer befinden, sie ist sehr ansteckend. Wir wissen, wie ansteckend das Bewusstsein des Säuglings ist—wenn wir ein Baby hier hätten, würde es nicht-sprachlich zu jedem sagen: „Ich bin kopflos, du bist kopflos." Wir würden das alle fühlen, alle darauf reagieren. Es ist schwer, der Offenheit eines Säuglings zu widerstehen. Wenn wir ein Kind hier hätten, würde es ebenfalls nicht-sprachlich sein Bewusstsein hier verbreiten, aber es würde etwas anderes mitteilen als der Säugling: „Ich probiere aus, in einem Körper zu sein, aber ich bin noch nicht in einem bestimmten Körper drin—kommt und macht mit bei meiner Freiheit, meiner Flexibilität. Ich werde euch aus dieser einen menschlichen Schachtel, in der ihr drin seid, herauslassen—jetzt könnt ihr alles Mögliche sein. Während unserer Zeit zusammen werden wir alle möglichen Arten von Dingen sein und wir können uns ändern und etwas anderes sein, wann immer wir möchten." Das Kind gibt dir Erlaubnis, Dinge zu erfinden, während du mitmachst, irgendetwas zu sein. Diese Flexibilität und Freiheit ist etwas, das du gut kennst, weil du einmal ein Kind warst.

Wenn du ein Kind hier hättest und es dich während der Kaffeepause bitten würde mit ihm zu spielen ein Zug zu sein, wäre das völlig in Ordnung für dich, auf dem Boden zu krabbeln und ein Zug zu sein. All die anderen Erwachsenen würden das verstehen. Das Kind würde dir, dem Erwachsenen, die Erlaubnis erteilen, ein Zug zu sein. Aber sobald die Pause zu Ende ist und das Kind weggeht, um irgendwo anders zu spielen, würdest du aufhören ein Zug zu sein. Wenn du alleine weiter machen würdest, würden mehr als einige Augenbrauen nach oben gezogen!

Zwei-seitige Kommunikation

Jede Kommunikation ist zwei-seitig. Ich bin in dir und du bist in mir. Zur gleichen Zeit, in der der Erwachsene vom Kind Erlaubnis bekommt, ein Kind zu sein, indem er sich vom Fluss und der Offenheit des Kindes anstecken lässt, bringt der Erwachsene dem Kind bei, diese grundlegende Offenheit loszuwerden und sich mit dem im Spiegel zu identifizieren—ein Erwachsener zu werden. Während mir das Kind Erlaubnis gibt, ein Zug zu sein, ist es unvermeidbar, dass ich dem Kind mitteile: „Das ist nur ein Spiel, es ist nicht echt, wir tun so als ob. Du bist kein Zug. Die Wirklichkeit ist, dass du ein Junge oder ein Mädchen ist, das spielt, ein Zug zu sein.'

Sich benehmen

Stell dir vor, dass du ein Kind bist und als Flugzeug herumrennst— soweit es dich angeht, fliegst du. Dein Jettriebwerk macht einen Haufen Lärm. Aber da sind Erwachsene um dich herum, die nicht mit dir spielen. Du stößt an einen an und er schnauzt dich an:

„Benimm' dich!" Plötzlich wirst du mit der Tatsache konfrontiert, dass du nicht „wirklich" ein Flugzeug bist, du bist ein Kind, eine Person. In dem Moment verwandelst du dich von einem Flugzeug zu einem kleinen Jungen oder Mädchen. Du hörst auf herumzurennen—du hörst auf zu fliegen. Du bist nicht länger ein lautes Flugzeug. Aber ein paar Augenblicke später hast du vergessen, dass du ein Kind bist und bist wieder ein Flugzeug…

Bis dir der Erwachsene wieder sagt, du sollst dich „benehmen" und du dich in deinen menschlichen Körper zurück verwandelst. Du bist wieder „selbst"-bewusst geworden—dir bewusst, eine Person zu sein. Die Kindheit ist eine Zeitspanne des Lernens, in der du damit experimentierst, einen Körper zu haben, einen Körper zu bewohnen. Du bist noch nicht an den Körper im Spiegel gefesselt, daher experimentierst du, in vielen verschiedenen Körpern zu sein.

Deine Offenheit aufgeben

Aber während die Zeit vergeht, gewöhnst du dich mehr und mehr an den Körper, den die Gesellschaft als deinen bezeichnet. Mehr und mehr übersiehst du oder vergisst oder verneinst deine Kopflosigkeit, deine ursprüngliche Offenheit.

Es ist lebensnotwendig, dass du deine Offenheit aufgibst und einen Körper annimmst—den Körper im Spiegel. Du musst das Spiel, ein Gesicht zu haben, spielen—das Gesicht-Spiel—und du musst lernen, es so gut zu spielen, dass es nicht länger ein Spiel ist, sondern „Wirklichkeit". Sonst könntest du gar nicht in der Gesellschaft funktionieren.—Du würdest wahrscheinlich stationäre Pflege brauchen. Aber tatsächlich macht es dir Spaß, dieses „Spiel" zu spielen. Du willst „spielen", du willst mitmachen, du willst nicht ausgeschlossen werden. Das ist das einzige „Spiel", das es gibt. Du willst kein „Baby" bleiben, du willst „groß werden".

Angela: Es gab da einige Augenblicke in meiner Kindheit, die ein Psychologe als traumatische Erfahrungen bzeichnen könnte. Ich erinnere mich, wie im Kindergarten ein Mädchen an mir vorbeirannte und mich umstieß. Sie schlug mir auf die Nase und es tat weh. Ich fing an zu weinen. Aber vor diesem Augenblick war ich, glaube ich, im kopflosen Zustand. Ich denke, das Trauma war nicht, dass mich dieses kleine Mädchen geschlagen hatte und ich weinte, ich denke, das Trauma war, aus diesem kopflosen Zustand heraus gehauen zu werden.

Richard: Das ergibt einen Sinn. Wir müssen alle durch das Trauma hindurch, aus dem kopflosen Zustand in den „bekopften" Zustand k.o. geschlagen zu werden. Wir alle werden vom Nichts-und-Alles-Sein geschrumpft, bis wir nur noch ein kleines Ding sind.

Anderen glauben

Kevin: Du sagst, dass du, wenn du dich entwickelst, verstehst, dass andere Leute denken. Ich denke, du verstehst es nicht, du glaubst es.

Richard: Ja, ich glaube es.

Kevin: Du entwickelst ein Glaubenssystem. Ich verstehe das nicht so, dass du denkst, dass du das Glaubenssystem entwickelst, dass da jemand dort dich anschaut. Aber ich weiß es nicht. Ich weiß es überhaupt nicht. Da ist eine Art von Hindernis, das mich davon abhält, jemals zu wissen, was du machst oder sogar, ob du da bist. Wir entwickeln eher ein Glaubenssystem als ein Verständnis. Es könnte sogar ein Mangel an Verstehen sein.

Richard: Ja. Ich weiß, was du meinst!

Kevin: Ich, weiß, dass du das tust! [Gelächter.]

Richard: Ja! Aber wenn du diesen Glauben nicht annimmst, kannst du in der Gesellschaft nicht mitmachen, weil dann die Leute nur „Bilder im Bewusstsein" sind und es ist keiner da oder hier. Du wärst dann in diesem Sinne alleine und die „Gesellschaft" wäre nicht mehr als eine Idee. Sie hätte keine Bedeutung für dich.

Stufe drei—Der Erwachsene

Auf der dritten Stufe des Erwachsenen identifiziere ich mich grundlegend mit dem da im Spiegel. Das Kennzeichen dafür, erwachsen zu sein, ist, dass du in den Spiegel schaust und nicht zweimal darüber nachdenkst, dass das du bist. Du weißt, dass das du bist. Ich glaube fest daran, dass ich meine äußere Erscheinung bin, dass ich der bin, den ich im Spiegel sehe, dass ich in der Mitte bin, in null Zentimeter Entfernung, als was du mich von einiger Entfernung aus siehst. Indem ich akzeptiere, dass ich Gesicht-zu-Gesicht mit anderen bin, „weiß" ich, dass ich von allen anderen getrennt bin.

Ansteckend

Diese Stufe ist auch ansteckend. Wenn ich daran glaube und mich so verhalte, als wäre ich hier in einem Körper, dann behandle ich dich so, als wärst du im gleichen Zustand dort. Die zugrunde liegende „Wahrheit", in der ich lebe, ist: „Ich bin in einem Körper, du bist in einem Körper." Die Erfahrung des Säuglings ist: „Ich bin nicht in einem Körper, du bist nicht in einem Körper." Das Kind: „Ich bin mir noch nicht sicher, in welchem Körper ich bin. Komm und sei mit mir, was du sein möchtest." Der Erwachsene: „Ich bin hier hinter einem Gesicht und du bist dort hinter einem Gesicht." Indem ich mich selbst auf diese Art und Weise wahrnehme, sehe ich dich auf die gleiche Weise—und du nimmst meine Botschft auf. Wenn ich dich ansehe, fühlst du dich von mir angeschaut. Ich teile dir mit, als was ich dich wahrnehme. Ich sage dir mit allen Mitteln sprachlicher und nicht-sprachlicher Zeichen, dass du ein Ding bist, eine Person. Du nimmst meine Botschaft nicht nur wahr, du gibst sie an mich zurück. Wenn du mich ansiehst, fühle ich mich auch angeschaut—ich bin mir meiner selbst als eine Person in deinen Augen bewusst. Du musst nur jemand anschauen und du teilst ihnen mit, dass du eine Person bist und sie Personen sind. Wir unterstützen uns jetzt gegenseitig, helfen uns gegenseitig unser Bewusstsein und unsere Identifikation mit dem, wie wir aussehen, aufrecht zu erhalten. Wir sagen uns gegenseitig: „Mein Bewusstsein ist hinter meinem Gesicht hier, dein Bewusstsein ist hinter deinem Gesicht dort. Wir sind Gesicht zu Gesicht, wir sind getrennt. Meine Empfindungen werden in meinem Körper aufbewahrt, deine Empfindungen sind in deinem Körper. Meine Gedanken sind hier in meinem Kopf, deine Gedanken sind dort in deinem Kopf." Auf der dritten Stufe des Erwachsenen hast du einen weiten Weg zurückgelegt von der Zeit, als du ein Säugling warst und noch keinen Sinn für dich selbst und andere entwickelt hattest.

Ablehnung von dem, der wir wirklich sind

Im Erwachsensein geht meine tiefe Akzeptanz der Wirklichkeit von Selbst und anderen mit einer Ablehnung der Wirklichkeit meiner Offenheit, die ich wirklich bin, einher. Wenn sich jemand auf die Kopflosigkeit bezieht, lehne ich als Erwachsener diese Idee ab. „Was meinst du damit, ich sei kopflos? Das ist verrückt! Natürlich habe ich einen Kopf! Ich bin ein Ding hier, nicht Nichts. Ich weiß, dass ich hier nichts sehen kann, aber ich weiß, dass mein Kopf hier ist."

Angst davor, nicht zu sein

Wenn du ein Jugendlicher bist und dabei bist, herauszufinden, wer du in der Gesellschaft bist, ist das letzte, was du sein willst, ein Niemand zu sein—du willst jemand sein. Du willst nicht ausgeschlossen werden. Du willst nicht der Letzte sein, der in die Mannschaft gewählt wird. Wir wollen dazugehören, wir wollen akzeptiert werden, wir wollen nicht zurückgewiesen werden. Daher erscheint der Gedanke, nichts zu sein, ein Niemand zu sein, ein Verlierer, als das Schlimmstmögliche. Nicht zu wissen, was man sagen soll, sprachlos sein, nicht zu wissen, wer du bist oder worin du gut bist—wir fürchten all diese Dinge. Du musst herausfinden, wer du bist, du must damit vorankommen, das Beste aus dir zu machen, schnell voran zu kommen, es vermeiden, Zeit zu verlieren. Wir verstehen dieses Bedürfnis, jemand zu sein. Es ist angemessen und gesund, während wir heranwachsen, uns entwickeln, um jemand zu werden, um Erfolg zu haben. Aber es ist nicht überraschend, wenn in uns eine Angst lauert, dass wir ausrutschen werden und in den Abgrund stolpern, in die Dunkelheit in unserer Mitte—das Nichts, von dem wir mit allen Mitteln wegkommen wollen. Und ob wir nun viel darüber nachdenken oder nicht, wir wissen, dass wir am Ende sterben werden, dass alles, was wir erreicht haben und geworden sind, verschwinden wird. Wenn wir nur tief genug an der Oberfläche kratzen, starrt uns das Nichtsein mit einem drohenden Auge an.

Besser geht's nicht

Die Gesellschaft sagt uns, dass die dritte Stufe des Erwachsenen die letzte Phase der Entwicklung ist. Darum geht es im Leben—beim Erwachsenwerden geht es darum herauszufinden, wer du als Individuum bist (du hast keine Wahl, als wer du geboren wirst), und dann die Verantwortung für diese Person zu übernehmen. Laut Gesellschaft war's das, mehr oder weniger. Es gibt keine weitere Stufe in dem Sinne, dass du nicht jemand anders werden kannst, du kannst deine Identität nicht grundlegend ändern. Das war's. So weit, so gut. Jetzt ist deine Aufgabe, das beste aus den Karten zu machen, die man dir ausgeteilt hat. Und dann stirbst du! Wir sind hier in einem Buddhistischen Zentrum—der Tod muss mit hereinkommen! Wenn ich mich mit dem im Spiegel identifiziere, sterbe ich, wenn der stirbt. Und das war's. Gemäß der Betrachtungsweise der Gesellschaft, bin ich gegangen. Am Ende wird alles, was mir lieb ist, zu Staub. Es ist verständlich, wenn ich die Bedeutung, den Sinn des Lebens nicht sehen kann. Worum geht all das?

Stufe vier—Der Sehende

Aber die dritte Stufe des Erwachsenen muss nicht das Ende der Geschichte sein. Möglicherweise kannst du zur vierten Stufe des „Sehenden" weitergehen—eine Person sein und das Eine, das alles beinhaltet. Das bedeutet, vollkommen erwachsen zu sein, vollkommen reif. Du bist nicht vollkommen erwachsen, bis du dazu erwacht bist, das Eine zu sein.

In Verkleidung

Jetzt ist dir beides bewusst, deine äußere Erscheinung und deine Wirklichkeit. Du bist das Eine, aber du bist das Eine in Verkleidung.

Warum lachst du?

Graham: Es ist wahr!

Richard: Ja, du bist das Eine, verkleidet als Graham. Insgeheim weißt du, dass du das Eine bist—du bist nicht Graham, du bist alle anderen! Aber du übernimmst die Verantwortung für ihn und tust so, als ob du Graham wärst. Du bist beides. Wir teilen nun ein Geheimnis, denn von außen sieht keiner deine kopflose Natur. Es ist eine persönliche Erfahrung. Es ist ein Geheimnis. Dennoch erlebt jeder diesen weiten offenen Raum, wo er ist—also teilen wir dieses Geheimnis. Obwohl ich als Richard körperlich da bin und du als Graham, sind wir uns beide nun bewusst, das Eine zu sein. Wir haben dieses wundervolle Geheimnis gemeinsam.

Das ist, wie ein König zu sein, der in seinem eigenen Land inkognito ist. Auf Stufe drei hast du gar nicht verstanden, dass du der König bist, daher war es nicht dein Land und du hattest keine Untertanen. Aber jetzt erscheinst du immer noch als eine einfache Person, obwohl du dazu erwacht bist, der König zu sein, das Eine. Kein anderer kann sehen, dass du das Eine bist. Es macht Spaß, dass die Leute nicht wissen, wer du wirklich bist. Außer, dass sie es tun. Sie tun's und sie tun's gleichzeitig nicht. Aber du machst weiter in deiner Maske. Du bist verkleidet. Du bist das Eine in der Verkleidung einer Person.

Ansteckend

Auf der dritten Stufe schließt du dich dem Glauben an: „Ich bin in einem Körper, du bist in einem Körper." Das ist hochgradig ansteckend. Nicht-sprachlich teile ich dir mit: „Ich bin in einem Körper, du bist in einem Körper, wir sind getrennt, wir sind Gesicht zu Gesicht." Auf der vierten Stufe bist du dir bewusst, dass du kopflos bist, dass du nicht in einem Körper bist. Diese vierte Stufe ist genauso ansteckend wie die anderen. In dem Moment, in dem dir bewusst ist, wer du wirklich bist, überträgst du deine kopflose Wirklichkeit laut und deutlich an alle um dich herum. Du kannst gar nicht fehlschlagen, dieses Bewusstsein auszustrahlen. Gleichzeitig bist du dir immer noch bewusst, dass du für die anderen in einem Körper bist und du identifizierst dich mit deinem Körper. Du hast also zwei Dinge am Laufen—du bist dir bewusst, dass du ein zweiseitiges Wesen hast. Du entwickelst dich nicht zum Säugling zurück, der kopflos ist, dem aber noch nicht bewusst ist, dass er getrennt ist. Dir ist beides bewusst, deine Wirklichkeit und deine äußere Erscheinung. Einerseits bist du dir bewusst, dass dein „kleines Selbst" da draußen im „Film" ist, es ist einer der Charaktere. Andererseits ist hier der offene Raum, in dem du frei bist von dem „Kleinen". Du identifizierst dich immer noch mit deiner Erscheinung, da bin ich mir sicher. Ich mache das. Aber das ist okay, das ist Teil des „Films". Du strahlst jetzt beide Identitäten aus: „Ich bin eine Person und ich bin nicht du und du bist eine Person und du bist nicht ich", UND „Ich bin Raum für dich und du bist Raum für mich".

Befangenheit/Hemmungen

Du siehst jetzt, wer du schon immer warst. Jetzt findest du heraus, welchen Unterschied dieses Sehen in deinem Leben macht. Nimm zum Beispiel das Gefühl, von anderen Leuten angeschaut zu werden, zu fühlen, wie all diese Augen dich beobachten—sich befangen, gehemmt fühlen. Du kannst das wahrnehmen, wie es jetzt in dieser Gruppe passiert. Wenn ich dich ansehe, fühlst du dich angeschaut. Ich muss dich nur anschauen und ich teile nicht-sprachlich mit: „Ich sehe dich, du bist eine Person." Ich spiegle deine äußere Erscheinung zu dir zurück. Deshalb mögen es die Leute manchmal nicht, wenn sie angeschaut werden, weil sie sich dann befangen fühlen, unter Kontrolle.

Sie haben das Gefühl, dass sie geformt werden, zu einer Sache gemacht werden. Ihr kennt den Mythos von Medusa, der griechischen Göttin, die Schlangen statt Haaren hatte? Du konntest sie nicht anschauen, denn wenn sie auf dich aufmerksam wurde, wurdest du in Stein verwandelt. Der Held heißt Perseus und seine Aufgabe ist, sie zu töten. Das ist ein Mythos, der zu dem passt, worüber wir reden, weil es dir auf der dritten Stufe des Erwachsenen, wenn du dir deiner Kopflosigkeit noch nicht bewusst bist, das

Gefühl gibt angeschaut zu werden, wenn du Augen ansiehst, du fühlst dich gehemmt—diese Augen verwandeln dich zu einer Sache, wie Medusa die Leute in Stein verwandelt hat. Wenn du in einen Stein verwandelt worden bist, nennt man das „versteinert sein", was gleichzeitig bedeutet, dass du vor Angst fast in die Hosen machst. Jedes Auge hat die Macht, dich in eine Sache zu verwandeln, dich zu versteinern. Wie hat Perseus Medusa getötet? Er hat sie nicht direkt angeschaut, weil er wusste, dass ihre Augen ihn umbringen würden, sondern indirekt, indem er auf sein Schild schaute—er benutzte es als Spiegel—und dann, als er sie widergespiegelt sah, haute er ihr den Kopf ab. Deine wahre Natur ist das Schild, der Spiegel—diese Klarheit ist wie ein Spiegel—klar und dennoch siehst du gleichzeitig die Welt darin, perfekt gespiegelt. Wenn du jemand anschaust und deine klare Natur siehst, siehst du, dass die Augen des anderen dich nicht zu einem Ding machen. Du bist „Nicht-Ding", Nichts. Obwohl du dich vielleicht gehemmt fühlst, siehst du gleichzeitig, dass du durchscheinend bleibst. Du bist nicht fest, keine Sache, genau da, wo du bist.

Wann immer du dich beklommen fühlst, kannst du jetzt das Heilmittel anwenden, bewusst dieser transparente Raum zu sein. Das kann in den Augenblicken helfen, wenn du dich so sehr unter Beobachtung fühlst, dass du einfrierst, wenn du das Gefühl hast, du kannst nicht du selbst sein. Wende dieses Heilmittel an. Und sei geduldig mit dir selbst—die Dinge brauchen Zeit sich zu entwirren. Nachdem Perseus Medusa getötet hatte, steckte er ihren Kopf in einen Sack und brachte ihn dem König zurück—dem bösen König, der ihm den Auftrag gegeben hatte, sie zu töten. Der König schaute in den Sack hinein, um sicher zu sein, dass Medusas Kopf darin war. Aber Medusas Augen hatten immer noch ihre Macht und der König wurde zu Stein. Ein Blick auf deine wahre Natur ist also nicht genug—die Augen anderer Leute behalten immer noch ihre Macht. Du musst immer wieder zu dem zurückkehren, der du wirklich bist, musst dranbleiben zu sehen, dass diese Augen dich nicht versteinern.

Sich erinnern

Wir wissen, wo wir suchen müssen. Dein ursprüngliches Gesicht zu sehen, ist nicht der schwierige Teil, der schwierige Teil ist, sich daran zu erinnern. Die Experimente bringen jetzt dieses Bewusstsein in diese Gruppe. Ihr erkennt, dass ihr sehen könnt, wer ihr wirklich mit anderen seid. Tatsächlich können genau die Sachen, durch die ich mich kontrolliert fühlte—die Augen der anderen Leute—mich jetzt daran erinnern, dass ich nicht unter Beobachtung stehe. Was uns in die „Schachtel" steckte—die Schachtel unseres jeweiligen Körpers und Geistes—sind die anderen. Jetzt kannst du andere dafür nutzen, dich aus der „Schachtel" herauszuholen. Wenn du mit anderen zusammen bist, mache es dir zur Gewohnheit, dass du augenlos und gesichtslos bist—Gesicht da zu Nicht-Gesicht hier. Andere werden so zu großartigen Hinweisgebern zu dem, der du wirklich bist.

Heimkommen

Auf der ersten Stufe des Säuglings bin ich Nichts. Ich weiß nichts darüber, etwas zu sein. Auf der zweiten Stufe des Kindes bin ich Nichts, aber ich lerne, etwas zu sein, jemand zu sein. Auf der dritten Stufe des Erwachsenen, habe ich herausgefunden, wer ich innerhalb der Gesellschaft bin. Ich bin nun in meiner äußeren Erscheinung zuhause. Heute nun erwachen wir erneut zum kopflosen Zustand, zu unserem wahren Zuhause. Da wir von unserer Kopflosigkeit weggegangen sind, weg von der Offenheit des Säuglings, hat diese Rückkehr nun einen besonderen Wert, den sie nicht haben würde, wenn wir nie davon weggegangen wären.

Laura: Also ist das heute eine wunderbare Initiation dorthin zurück?

Richard: Ja, heute werden wir wieder in unsere ursprüngliche wahre Natur initiiert. „Was weiß derjenige von England, der nur England kennt?" Was weißt du von Heimat, wenn du nur dein Zuhause kennst? Wenn du zurückkommst zu dem, der du wirklich bist, kannst du die Offenheit hier auf neue Weise wertschätzen—da du weg davon warst. Jetzt siehst du sie mit neuen Augen.

Laura: Der verlorene Sohn.

Richard: Ja, diesen Gedanken kann man in verschiedenen spirituellen Traditionen finden. Die Reise weg ist nötig. Unsere Lebensläufe sind wunderbare Geschichten. Es wurde uns gesagt, dass das Buch mit Kapitel drei endet, der Stufe des Erwachsenen, aber plötzlich entdeckst du, dass es noch ein weiteres Kapitel gibt, die vierte Stufe des Sehenden. Ein komplettes neues Kapitel! Es war eine tolle Sache, dass wir unser wahres Zuhause verlassen haben, dass wir die Tür zu diesem geheimen Garten geschlossen haben, denn nun können wir erneut dorthin zurückkommen—zurück zu der Heimat, die wir nie wirklich verlassen haben.

Zwei-seitig

Sarah: Ich bin als der, der ich bin, völlig offen—wenn ich das total akzeptiere, vergesse ich dann nicht mein öffentliches Selbst?

Richard: Ich glaube nicht, dass das passieren würde, weil deine Identifikation damit, eine Person zu sein, so tief ist. Du wirst nie völlig vergessen, wer du als Person bist, du wirst das nie komplett verlieren.

Sarah: Du hast zwei Identitäten.

Richard: Ja. Steht dir dein Bewusstsein, eine Person zu sein, Sarah zu sein, im Weg, um deine Kopfosigkeit zu sehen?

Sarah: Ich weiß nicht. Das muss ich ausprobieren.

Richard: Gut, dann probiere es jetzt aus. Warte nicht damit.

Sarah: Ja, ja, mache ich.

Richard: Kannst du deinen Kopf sehen?

Sarah: Nein. Ah! Ich hab's gerade begriffen! Ah! Ich hab's!

Richard: Du kannst dich zutiefst mit Sarah identifiziert fühlen und gleichzeitig deinen Kopf nicht sehen. Dich mit Sarah zu identifizieren, steht dir nicht im Weg, um zu sehen, wer du wirklich bist. Tatsächlich betont es noch, wer du wirklich bist, wenn du dich damit identifizierst, eine Person zu sein. Dich mit deinem Selbstbild zu identifizieren, ist eine wunderbare Entwicklung im Bewusstsein. Wir versuchen nicht, zum sich selbst nicht bewussten Säugling zurückzukehren.

Du bist beides gleichzeitig, die „Kleine" und das Große. Du bist beides. Das heißt, zuhause zu sein, zu sein, wer du wirklich bist, sogar mit all deinen Fehlern. Zuhause, genauso wie ich bin. Wie in dem Lied „Amazing Grace"—so wie ich bin, ich armer Teufel—irgendwie so. Ich kann sehen, wer ich wirklich bin, genauso wie ich bin, auch wenn ich ein armer Teufel bin. Die Erfahrung, über die ich spreche, ist, einfach zu bemerken, dass du deinen Kopf nicht sehen kannst. Du musst nicht darüber nachdenken, um das zu sehen. Du schaust einfach. Kannst du gerade deinen Kopf sehen?

Das Nichts nicht fürchten

Das bedeutet es, direkt zu erfahren, wer wir wirklich sind. Darauf kannst du dich verlassen. Es kann überprüft werden. Das verändert jetzt das Spiel, verändert unser Leben. Wenn du aufwächst und herausfindest, welche Identität du hast, wenn du durch das Jugendalter gehst, dann willst du jemand sein—das letzte, was du sein willst, ist ein Niemand, ein Nichts. Auf der vierten Stufe des Lebens, der Stufe des Sehenden, kommen wir so weit zu entdecken, was wirkliches Nicht-Sein ist. Wir sehen, dass das Nichts in unserer Mitte nicht nur leer ist, sondern gleichzeitig voll—voll mit allem. Es ist Sein. Es ist nicht dieses schreckliche Ding, vor dem wir Angst hatten, dass es irgendwo in uns lauert, darauf aus, uns jeden Augenblick zu verschlingen. Verlust, Nicht-Sein, Nichts, Verschwinden, nicht dazugehören—all das sieht anders aus, wenn du siehst, wer du wirklich bist. Jetzt können wir in der Mitte sein, wo wir nicht irgendetwas sein müssen oder etwas wissen müssen, wo wir tatsächlich wissen, dass wir nichts sein können oder irgendetwas wissen und trotzdem sehen, dass es uns gut geht. ICH BIN—mein Sein ist. ICH BIN—beides, leer und voll.

Eine erstaunliche Reise

Unser Leben ist eine erstaunliche Reise. Am Beginn deines Lebens hast du als das Eine angefangen und warst dir der anderen nicht bewusst—der kopflose Säugling. Als Erwachsener wurde dir beigebracht, dir der anderen bewusst zu sein, dir der vielen bewusst zu sein und du hast gelernt die Wirklichkeit des Einen abzutun. Du musstest durch diesen Prozess gehen, um eine tiefgründige Bewusstheit über dich selbst und andere zu entwickeln. Andere sind nicht nur „Bilder im Bewusstsein"—du akzeptierst, dass sie wirklich sind. Obwohl du die Wirklichkeit von anderen nicht beweisen kannst, bist du zutiefst der Überzeugung, dass da andere hier in diesem Raum sind—andere, die ihre eigenen Gedanken und Gefühle haben, auch wenn du nichts davon direkt wahrnimmst. Mit jeder Faser deines Körpers handelst du so, als ob andere wirklich wären und du wirklich bist—du als getrenntes Selbst. Jetzt, wo du aufwachst zu deiner persönlichen Erfahrung, das Eine zu sein, hast du immer noch dieses Gefühl der anderen, du bist immer noch überzeugt von der Wirklichkeit deines öffentlichen Selbst.

Weit davon entfernt, dieses Gefühl loszuwerden, bedeutet dieses Gefühl der Wirklichkeit von „selbst" und „anderen", dass du als das Eine tatsächlich das Gefühl hast, mit anderen zu reden—du bist nicht länger „der Einzige". Es gibt „andere" mit denen du über alle möglichen Dinge reden kannst, inklusive der Tatsache, dass beide, du und sie, das Eine sind! Ganz schön wild! Wir reden hier heute miteinander und wir können uns bewusst sein, dass unsere vielen Stimmen von einem Sprecher kommen, in diesem einen Bewusstsein stattfinden. Ich bin mir jetzt bewusst, dass ich das Eine bin und du das Eine bist, ihr das Eine seid und ich freue mich darüber, mit euch über all das zu reden—mit euch zu reden, die ihr beides seid: Ich selbst und nicht ich selbst!

Kapitel 13

Der kopflose Kreis

Stellt euch in einem Kreis auf. Legt die Arme umeinander und schaut jeweils an eurem eigenen Körper hinunter.

Du siehst deine Füße, deine Beine, deinen Oberkörper. Dann verschwindest du oberhalb deiner Brust in diesem offenen Raum, aus dem du herausschaust—deinem einzigen Auge.

Es gibt zwei Seiten von dir—da ist dein Körper da unten und da ist dieses klare, unbegrenzte Bewusstsein, das an deinem Körper herunterschaut. Dennoch sind diese beiden Seiten nicht von dir getrennt. Dein Körper ist von diesem Bewusstsein nicht getrennt.

Schaut auf den Boden in der Mitte des Kreises. Du kannst den Kreis von Füßen sehen, den Kreis von Körpern. Alle Körper lösen sich auf Brust- oder Taillenhöhe auf—sie verschwinden alle in dem selben Raum da oben, in dem dein Körper verschwindet. Ist das wahr? Kommen alle diese Körper aus dem selben Raum, aus dem dein Körper kommt?

Du hast dir gerade all diese Körper wachsen lassen! Dort unten sind wir viele und verschieden und oben sind wir alle Eins und das Gleiche. Es gibt keine Trennungslinien in diesem Raum hier oben. Du kannst ihn nicht aufteilen. Alle Körper sind jetzt deine—sie kommen alle aus diesem Bewusstsein heraus. Du bist nicht ein Teil dieses Bewusstseins, du bist das Ganze. Es ist unteilbar.

Es geht in erster Linie ums Sehen, nicht ums Denken. Du musst das nicht auf bestimmte Art und Weise verstehen. Wenn meine Worte für dich nicht passen, finde deine eigenen oder benutze überhaupt keine Worte.

Es ist auch kein Gefühl. Es ist neutral. Du musst das nicht in der gleichen Weise empfinden, wie jemand anders. Es gibt keine richtige Art und Weise, darauf zu reagieren. Du musst dich nicht innerlich dafür hochschrauben. Wenn überhaupt, musst du dich innerlich herunterschrauben.

Alle Körper kommen aus dieser einen Klarheit. Dort unten sind wir viele, wir sind verschieden, wir sind unterschiedlich und oben sind wir Eins, das Gleiche. Es gibt oben keine Trennungslinien, keine Namen in diesem Bewusstsein oder Staatsangehörigkeiten oder Altersstufen. Das ist sichtbar, offensichtlich, normal.

Okay, setzen wir uns.

Ist das nicht unglaublich! Was für eine großartige Art und Weise, die vielen und das Eine wertzuschätzen. Und obwohl wir wieder zurück auf unseren Stühlen sind und ihr jetzt die Gesichter von allen sehen könnt, ist da immer noch nur ein Bewusstsein und es enthält jeden. Dieses Bewusstsein schätzt Vielfalt und Unterschiedlichkeit. In der Gruppe ist Trennung normal und gesund, hier in diesem

Raum ist Einheit normal und gesund. Wir versuchen nicht, eine Einheit irgendwo drüber zu stülpen, wo sie nicht hingehört. Dieses Bewusstsein befreit uns dazu, unterschiedlich zu sein, befreit uns dazu, die Individuen zu sein, die wir sind.

Andrew: Es ist nicht das Eine oder die Vielen, es ist das Eine und die Vielen.

Richard: Ja. Jetzt bist du dir des einen Bewusstseins bewusst, das zu jedem gehört. Jeder, der nicht hier in dieser Gruppe anwesend ist, ist trotzdem im Herzen diese Einheit. Das Kind, das wir gerade draußen spielen hören, jemand auf der anderen Seite des Planeten, jemand vor tausend Jahren, es spielt keine Rolle—dieser Raum schließt keinen aus. Du schließt jeden und alles ein.

Du siehst diesen Raum für jeden, oder? Du schließt jeden mit ein, es gibt nur das Eine.

Kapitel 14

Die Sonne meiner Seele

Dieses Experiment beleuchtet das Geheimnis der Vielen und des Einen von einer anderen Perspektive aus. Es heißt „Die Sonne meiner Seele". Zuerst machen wir nochmal den kopflosen Kreis.

Stellt euch in einem Kreis auf und legt die Arme umeinander. Schaut an euren Körpern herunter. Achte auf deine Beine und deinen Oberkörper und wie dein Körper in deinem „Einen Auge" verschwindet. Dein Körper kommt aus dem Einen heraus. Jetzt schau hinunter auf den Boden und achte auf den Kreis von Füßen, den Kreis von Körpern—sie alle verschwinden um die Hüfte herum oder auf Höhe des Brustkorbes in dem Einen hier oben. Da unten sind wir viele, oben sind wir Eins.

Nehmt eure Arme herunter. Dreht euch herum, so dass ihr immer noch im Kreis steht, aber jetzt schaut ihr von der Mitte aus nach außen. Das ist jetzt das „Die Sonne meiner Seele-Experiment". Ihr fangt an, indem ihr eure Arme ausstreckt. Ich führe euch erstmal schnell durch das Experiment. Dann lasst ihr die Arme wieder sinken, damit sie nicht müde werden und ich führe euch nochmal durch das Experiment, aber langsamer, so dass wir uns entspannt in die Dinge einfühlen können.

Öffnet eure Arme in der Form eines „V", so dass ihr euren Blick nach außen umarmt. Zwischen deinen Händen ist deine Sicht auf die Welt, dein einzigartiger Blick nach außen. Du kannst deine Arme mit denen der Leute auf beiden Seiten von dir überkreuzen.

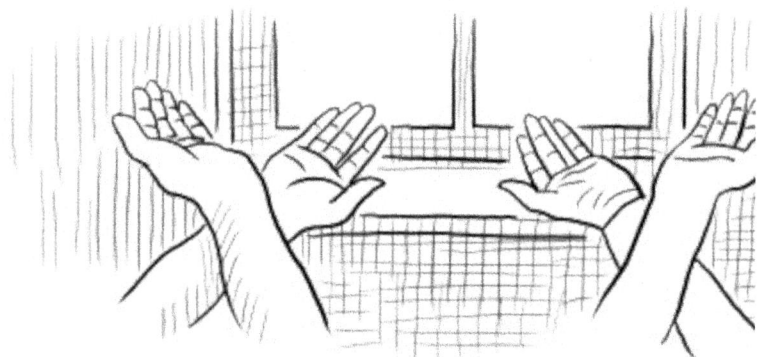

Das zeigt, dass das, was deine Nachbarn sehen sich mit dem überlappt, was du siehst—vielleicht das selbe Fenster oder ein Stuhl.

Du kannst ebenfalls sehen, dass deine Arme aus deinem „Einen Auge" kommen, aus dem Raum heraus, in dem du bist. Gleichzeitig siehst du die Arme deiner Nachbarn auf jeder Seite deines Blickfeldes und sie kommen auch aus deinem Auge heraus, aus deinem Bewusstsein. Jetzt lasst eure Arme sinken. Wir gehen das nochmal etwas langsamer durch.

Dein Blick nach außen ist dein eigener und allein deiner. Nur du erfährst deinen Blick. Nur du erlebst deine Gedanken und Gefühle, nur du erfährst dein Leben. Wenn du dich mit anderen unterhältst, hörst du etwas über ihren Blick nach außen. Du verstehst, dass ihr Blick sich mit deinem Blick nach außen überlappt, wie ihre Arme sich mit deinen überkreuzt haben—du siehst das gleiche Fenster oder den Stuhl, du erlebst den selben Workshop. Wenn es diese Schnittmenge überhaupt nicht gäbe, hättest du nichts mit anderen gemeinsam, um darüber zu sprechen. Aber du erlebst nie ihren Blick, du hörst nur darüber aus zweiter Hand. Du akzeptierst, dass jeder einen Blick nach außen hat, aber es ist Hörensagen. Also—du hast deinen Blick nach außen, deine Erfahrung deines Lebens und wenn du mit anderen redest, findest du etwas über ihre Sichtweisen heraus und wie sie sich mit deiner überschneiden.

Jetzt achte darauf, dass du aus deinem „einzigen Auge" herausschaust, aus dem Einen. Du siehst, dass derjenige, der sich deiner Sichtweise bewusst ist, deiner Erfahrung, deines Lebens, das Eine ist—es ist der Eine, der jetzt sieht, hört, denkt, es ist der Eine, der wirklich dein Leben lebt. Dein Leben erscheint innerhalb des Einen.

Wenn du mit anderen redest, erzählen sie dir, dass sie ebenfalls aus dem Einen herausschauen. Ihr Leben erscheint ebenfalls in dem Einen, es fließt aus dem Einen heraus. Ihre Beschreibungen des Einen passen genau zu deiner Erfahrung—es ist grenzenlos, zeitlos, namenlos… Und dennoch hat jede Person einen einzigartigen, unterschiedlichen Blick, der innerhalb des Einen aufsteigt—das einzigartige Leben jeder Person fließt aus dem Einen heraus, genauso wie deins.

Du erlebt deine eigene Sicht aus dem Einen heraus unmittelbar, du hörst über die Sichtweisen der anderen aus dem Einen heraus. Viele Sichtweisen aus einem Bewusstsein. Das ist eine Art und Weise, über das Geheimnis der vielen und des Einen nachzusinnen.

Sie erklärt dieses Geheimnis nicht, sie malt ein Bild davon.

Wir können uns jetzt setzen.

Ihr seht, dass sich euer Leben innerhalb des Einen entfaltet. Jetzt verstehst du, dass das Leben von jedem Einzelnen sich innerhalb des Einen entfaltet. Jesus sprach darüber, dass es „viele Wohnungen in Gottes Haus" gäbe. Mein Blick nach draußen ist einer von vielen Blicken aus dem einen Bewusstsein—es ist eine der vielen „Wohnungen" in Gottes Haus. Ich erlebe, wie sich mein Leben in Gott entfaltet. Dann höre ich über die Leben von anderen, die sich in Gott entfalten—andere Wohnungen in dem Haus. Viele Wohnungen in Gottes Haus.

William: Diese Übung ist so stark, denn wenn es nur deine Sichtweise gäbe, wäre es ziemlich beengt und isoliert. Aber deine Sichtweise im Zusammenhang der anderen zu haben!

Richard: Ja, was für eine wunderschöne Sache. Mein Blick nach außen überschneidet sich mit dem, was du mir über deine Sicht nach außen erzählst. Ich kann das Muster des Teppichs sehen. Kannst du es sehen? Du sagst ja. Nun, ich vertraue darauf, dass du es sehen kannst. Ich habe deine Erfahrung nicht, ich höre nur, dass du bestätigst, es zu sehen. Aber du antwortest so, als ob du es sehen würdest. In diesem Sinne überschneiden sich unsere Sichtweisen. Wir haben eine andere Blickrichtung—das macht es interessant! Und darüber hinaus sehen wir beide aus dem Nichts heraus, also geschieht beides innerhalb des Einen: meine Sicht und was ich über deine Sicht höre. Die Tatsache, dass wir beide den Teppich sehen können, macht Kommunikation möglich. Aber unsere Überschneidung ist ein bisschen Treffer und verfehlt, denn woher weiß ich, dass das was ich als rot sehe nicht blau für dich ist? Wir können nie ganz sicher wissen, dass wir die selbe Sache sehen, denn was die anderen sehen, ist nur Hörensagen. Aber wir finden uns damit ab und es scheint zu funktionieren.

Jetzt lasst uns den Ort genauer betrachten, von dem aus wir herausschauen. Du kannst ihn nicht unterschiedlich von mir wahrnehmen. Du kannst ihn nicht klarer sehen. Er ist nicht blau oder rot, oder? Er hat keine Form, also können wir die Form nicht falsch wahrnehmen. Er hat kein Alter. Das ist perfekte Kommunikation, oder? Das ist vereinend. Nur den Blick nach außen zu richten, heißt, getrennt zu sein, egal wie sehr wir denken, dass wir einander verstehen. Wir sind in verschiedenen Körpern. Aber wenn wir jetzt aufwachen zu dem, der wir wirklich sind—das ist Einheit, oder? Ja. Totale Vereinigung. Gleichzeitig machen wir damit weiter, diesen wertvollen Sinn von Unterschiedlichkeit zu haben, von Andersartigkeit.

Kapitel 15

Bewegung

Dieses Experiment ist mit Bewegung verbunden—ihr müsst alle zehn mal ums Gelände rennen... Ich mache nur Spaß!

Ich zeige euch gleich, was ihr tun werdet—ihr werdet aufstehen, auf eure Nicht-Gesichter zeigen, euch langsam um euch selbst drehen und schauen, ob ihr euch bewegt oder sich der Raum bewegt. Also nicht allzuviel Turnübungen! Steht auf. Passt auf, dass ihr nicht jemand anders anrempelt.

Zeige auf dein Nicht-Gesicht, schau auf deinen Finger und dreh dich langsam um dich selbst. Wenn es dir schwindlig wird, hörst du natürlich auf.

Siehst du nicht, wie sich die Wände und alles innerhalb des Raumes hinter deinem Finger vorbeibewegen? Ist das wahr?

Aber der Ort, auf den du zeigst, bewegt sich nicht, oder? Das ist der Unterschied zwischen dem Außen und dem Innen. Von außen betrachtet, drehst du dich und der Raum bleibt still stehen, aber von deinem Blickwinkel aus, bewegt sich der Raum und du bleibst still stehen. Das macht Spaß, oder? Es ist so einfach. Und wie einfach es ist, das mitzuteilen.

Du kannst darauf achten, wenn du gerade gehst, wenn du gerade fährst. Es ist keine Sache des Denkens, „Ich stehe still und die Welt bewegt sich". Es ist nicht Denken, es ist Sehen. Du kannst also gerade darüber nachdenken, welchen Weg du die Straße entlang nehmen wirst und gleichzeitig die nicht-sprachliche Erfahrung machen, dass die Straße durch dich hindurchfließt. Du beeinflusst deine Gedanken und Gefühle nicht.

Achte mal auf etwas anderes, Bewegung betreffend—erinnerst du dich daran, was ich über Größe gesagt habe? Du kannst ein Ding mit einem anderen vergleichen—es ist entweder größer, kleiner oder gleich groß. Dann betrachtest du das gesamte Blickfeld und da ist kein anderes einziges Auge rechts oder links, um deines mit ihm zu vergleichen—es gibt nur ein Auge, daher kannst du nicht sagen, wie groß es ist. Es ist das einzige. Du kannst auch irgendjemand hier in der Gruppe anschauen und siehst eine Grenze um ihn herum. Da ist etwas, das komplett um ihn herum reicht. Dann schaust du das gesamte Blickfeld an, dein einziges Auge und da ist nichts drumherum. Es ist nicht innerhalb eines größeren Hintergrundes platziert. Wirklich? Ja.

Bewegung ist ebenfalls relativ, in dem Sinne, dass, wenn ich meine Hand bewege, du sehen kannst, dass sie sich bewegt, weil du siehst, dass sie sich vom Hintergrund abhebt. Wenn sich die Wand gleichzeitig bewegen würde und mit meiner Hand Schritt halten würde, dann wäre meine Hand bewegungslos in Bezug auf die Wand. Wenn du von links nach rechts schwenkst, kannst du etwas sich im Vordergrund bewegen sehen im Kontrast zu Dingen im Hintergrund. Bewegung ist relativ. Jetzt sei dir des gesamten Blickfeldes bewusst. Kannst du es nach links oder rechts bewegen?

Angela: Da ist kein links oder rechts.

Richard: Es gibt kein links oder rechts, deshalb kannst du es nicht bewegen! Jetzt lade ich euch ein, durch den Raum zu gehen und darauf zu achten, dass die Dinge sich innerhalb des Blickfeldes bewegen, ihr aber nicht das gesamte Blickfeld bewegen könnt. Probiert mal aus, ob ihr das gesamte Blickfeld verschieben könnt. Es gibt keinen Hintergrund, vor dem ihr es sich bewegen sehen könntet. Das macht Spaß. Alles innerhalb des Blickfeldes bewegt sich wie verrückt, aber das gesamte Blickfeld schwebt im Nichts, in Ruhe und Stille. Okay, wir können uns setzen.

Das ist keine abstrakte Idee, sondern eine konkrete Erfahrung. Wie viel du auch herumläufst, du wirst nie das Blickfeld bewegen, das einzige Auge.

Brian: Du beziehst dich auf den Bildschirm, die Kinoleinwand?

Richard: Das ganze Ding, ja. Alles, meinen Körper mit eingeschlossen, meine Empfindungen, alles innerhalb meines Blickfeldes bewegt sich, aber das gesamte Blickfeld—es kann sich sich nirgendwo hin bewegen.

Es gibt eine andere Art und Weise, darüber nachzudenken—ihr seid nicht zu diesem Workshop gekommen, dieser Workshop ist zu euch gekommen. Du gehst nie irgendwo hin. Du hast dich noch nie in deinem Leben auch nur einen Zentimeter bewegt! Du bist immer zuhause—es ist das Dekor, das sich ständig verändert!

Roger: Ich fahre einen Schulbus. Das ist etwas Neues. Als ich anfing zu fahren, war ich noch nicht an den großen Bus gewöhnt und ich war angespannt. Ich versuchte, irgendwo hin zu kommen. Aber sobald ich der Raum war, bemerkte ich, dass sich alles durch mich hindurch bewegte. Mein gesamter Körper entspannte sich. Es war antrengungslos, so einfach. Die alte Art und Weise—und ich verspannte mich.

Carol: Es ist typisch während meines Tagesablaufs, wenn ich arbeite und fahre, bin ich es, die sich vorwärts bewegt und das ist sehr stressig. Diese Übung holt mich aus dem Fahrersitz, so dass ich mehr im Hintergrund bin. Ich erfahre die Umgebung eher, als dass ich meinen Weg hindurchpresche wie ein Bulldozer. Es ist eine völlig andere Perspektive—weniger stressig, weniger getrieben. Ich wäre lieber eine Art empfangende Person als der „Geh mir aus dem Weg"-Typ. So ist das. Alles empfangen.

Roger: Ich liebe diesen Ausdruck „zurück nach hause kommen". Du bekommst das Gefühl, dass du zuhause bist, egal wo du bist und du bekommst dieses bekräftigende, stabile Gefühl, anstatt immer zu rennen. Es fühlt sich so an, als würdest du immer rennen und versuchen, die meiste Zeit deines Lebens, Sicherheit zu finden. Ich bin gerannt, gerannt, gerannt. Ich bin in Urlaub gefahren und dann hatte ich das Gefühl, wieder nach Hause zu müssen. Egal wo ich war, war ich deprimiert und fühlte mich schlecht.

Richard: Und jetzt, wenn du deinen Schulbus fährst, bist du zuhause und der ganze Bus ist in dir!

Hier ist ein weiteres Bewegungs-Experiment. Steht auf und streckt eure Hände vor euch aus. Ihr seht eure Arme, die aus eurem einzigen Auge kommen. Sie schweben da, reichen aus dem Raum heraus. Bewegt sie ein bisschen hin und her—lasst eure Hände zusammen tanzen. Weil deine Arme aus dem Raum herauskommen, kannst du sagen, dass der Raum deine Arme und Hände bewegt. Du weißt nicht, was sie als nächstes tun werden. Da sind sie und tanzen.

Jetzt stell dich neben jemand—lege deinen Arm um die andere

Person, so dass ihr ganz nahe beieinander seid und ihr gemeinsam in die selbe Richtung schauen könnt. Streck deinen äußeren Arm vor dir aus, so dass deine Hand nahe bei der Hand deines Partners ist. Ich bemerke, dass mein Arm aus meinem einzigen Auge kommt, aber während ich so nach vorne schaue, sehe ich, dass der Arm meines Partners auch aus meinem einzigen Auge kommt—aus meinem Bewusstsein. Bewegt eure Hände, so dass sie miteinander tanzen. Mir ist ein anderer Arm gewachsen! Ist das nicht verrückt? Ich bin nicht in einem Arm präsenter als in dem anderen, sie sind beide in mir. Ich tanze mit beiden Händen!

Stell dich neben jemand anders und lass dir noch einen weiteren, anderen Arm wachsen!

Jetzt können wir uns wieder setzen.

Kapitel 16

Entfernung/Abstand

Richard: Wir spielen damit—ihr macht die Erfahrung. Wir erforschen die Erfahrung auf verschiedene Art und Weise. Das jetzt wird euch den Verstand wegblasen—es ist so lächerlich einfach. Du benutzt diese Karte wie ein Lineal, um den Abstand zwischen zwei Dingen zu messen. Such dir zwei Köpfe in der Gruppe aus. Halte das eine Ende der Karte vor einen Kopf und schaue, wie weit entlang der Karte entfernt der andere Kopf ist, am „Lineal" entlang. Simon ist auf halber Strecke auf dem Lineal von Paul entfernt, aber George ist die gesamte Lineallänge von Paul weg. Ihr versteht das Prinzip. Wenn du irgendetwas innerhalb deines Blickwinkels aussuchst, kannst du messen, wie weit es von etwas anderem entfernt ist.

Jetzt messt mal, wie weit ihr von einem dieser Köpfe entfernt seid. Dreht das „Lineal" herum, um von einem dieser Köpfe zu dem Ort hin zu messen, von dem aus du herausschaust. Das Linel schrumpft zu einem Punkt zusammen. Keine Entfernung!

Es ist das Gleiche mit dem gesamten Blickfeld—es hat keine Entfernung von „dir". Wenn du sagst, dass die Aussicht „da draußen" ist—da draußen, von wo aus gesehen?

George: Bezogen worauf?

Richard: Es gibt keinen Bezugspunkt außerhalb des Blickfeldes.

Kevin: Auf dieser Seite ist da etwas nicht Messbares und es projiziert den Blick nach da draußen. Von hier aus ist es das eine Blickfeld, das da draußen ist. Das gibt ihm eine Art Ort, eine bestimmte Stelle.

Richard: Ja, es ist ein Paradox. Es ist sehr seltsam. Wir können es nicht in Worten ausdrücken. Es besteht keine Entfernung und trotzdem sieht es so aus, als ob es dort wäre, dabei ist es hier.

Kevin: Es ist hier und dort.

Richard: Wir haben alle Grundlagen abgedeckt!

Laura: Die direkte Erfahrung fühlt sich auf die Art nicht wie

Tiefe an. Es ist wie die Kinoleinwand und das Bild. Das Bild scheint Tiefe zu haben, aber in der tatsächlichen Erfahrung fühlt es sich überhaupt nicht wie Tiefe an.

Richard: Ich denke, wir können hier mehr als eine Beschreibung annehmen.

Laura: Ja, aber ich fühle nicht, dass ich das da drüben fühle. Es fühlt sich so an, dass ich das genau hier weiß.

Richard: Ich weiß, was du meinst, ja. Ich denke, irgendwie ist es sonderbar. Du kannst es nicht festmachen. Es ist ganz schön verrückt.

Kapitel 17

Das Nicht-Einzuordnende

Für dieses Experiment werde ich euch kleine farbige Aufkleber an die Stirn kleben!

Aber bevor wir weitermachen, nenne ich euch einige Regeln, die ihr beachten müsst. Erstens ist es nicht erlaubt, während des Experiments zu reden. Wenn da zum Beispiel etwas ist, was ihr bei diesem „Spiel" nicht versteht—ihr könnt nicht fragen! Ihr dürft nicht reden, bis wir fertig sind. Nicht reden ist eine schwierige Sache, sogar wenn ihr alle erfahrene Meditierende seid und ich bin sicher, das seid ihr! Nicht reden heißt, ihr könnt keine Fragen stellen. Ihr müsst eine leichte Verwirrung oder Frustration ungefähr drei Minuten lang aushalten!

Während ich den farbigen Aufkleber an deine Stirn klebe, schließt du deine Augen, damit du die Farbe nicht siehst. Dann, wenn du deine Augen geöffnet hast, darfst du nicht in einen Spiegel oder eine andere reflektierende Oberfläche schauen und du darfst den Aufkleber nicht berühren. Dann werde ich erklären, worum es bei dem Spiel geht. Schließt eure Augen. Ich komme jetzt herum und klebe jedem einen Aufkleber auf die Stirn.

Erster Teil

Öffnet eure Augen. Das ist das gelbe Gebiet hier in diesem Teil des Raumes. Hier ist das silberne Gebiet, hier das braune Gebiet und da drüben das rote Gebiet. Steht auf. Ich zähle jetzt bis fünf. Das ist das Spiel—in der Zeit, bis ich auf fünf gezählt habe, müssen alle mit einem gelben Aufkleber auf der Stirn hierher kommen, alle mit einem braunen hierher und alle mit einem roten hierhin. Ich werde jetzt bis fünf zählen. Eins, zwei… Ihr müsst euch bewegen. Drei, vier… Auf! Auf! Ihr müsst euch bewegen! [Die Teilnehmer bewegen sich.] Fünf!

Seid euch eurer Reaktionen bewusst. Ihr habt gleich Zeit, eure Gedanken und Gefühle auszutauschen, wenn wir fertig sind.

Zweiter Teil

Wenn du dir 100 Prozent sicher bist, dass du im für die Farbe an deiner Stirn richtigen Bereich bist, bleib da. Aber wenn du irgendeinen Zweifel hast, komm' in die Mitte des Raumes. Im Spiel, wenn du in einem dieser Bereiche bleibst und verkehrt bist, verlierst du sozusagen alles—dein ganzes Geld. Aber wenn du zugibst, dass du es nicht weißt und in die Mitte kommst, verlierst du nichts. [Einige Teilnehmer gehen in die Mitte, einige bleiben, wo sie sind.]

Einige von euch sind in ihrem jeweiligen Bereich geblieben, also müsst ihr 100 Prozent sicher sein, dass ihr am richtigen Platz seid. Seid euch bewusst, warum ihr 100 Prozent sicher seid. Und alle, die in die Mitte gekommen sind, seid euch bewusst, warum ihr euch nicht sicher seid.

Dies hier ist das rote Gebiet. Alle, die nicht in diesem Gebiet sind, schaut herüber zu den Roten. Wenn die beiden im richtigen Gebiet sind, macht das „Daumen hoch"-Zeichen. Wenn mindestens einer im falschen Gebiet ist, „Daumen runter". Okay, ihr zwei, passt auf, wie ihr reagiert. Daumen runter! Einer von euch ist nicht rot! Achtet auf eure Reaktionen darauf, dass sie euch „Daumen runter" zeigen!

Hier drüben ist das braune Gebiet. Kommt näher und schaut euch alle in dieser Gruppe an. Wenn alle drei Teilnehmer braun sind, Daumen hoch, aber wenn mindestens einer von ihnen nicht braun ist, Daumen runter. Daumen hoch oder runter? Gemischte Rückmeldungen! Einige Daumen oben, einige Daumen unten! Ihr seid nicht sicher, ob einer von ihnen braun ist oder nicht? Ihr da in der braunen Gruppe, macht euch klar, wie ihr euch bei dieser Rückmeldung fühlt—den gemischten Botschaften.

Das hier ist das gelbe Gebiet. Drei Menschen hier. Wenn ihr euch 100 Prozent sicher seid, dass ihr gelb seid, bleibt da. Wenn ihr den leisesten Zweifel habt, kommt in die Mitte. Ihr bleibt alle. Okay, wenn wir sehen, dass irgendeiner von euch falsch liegt, nehmen wir die Daumen runter. Daumen runter! Zwei von euch gehen in die Mitte des Raumes—das zeigt, wie mächtig Gruppendruck ist! [Der eine, der bleibt, ist der einzige, der falsch ist!]

Sich sicher sein, heißt, sich absolut sicher zu sein—einhundert Prozent und nicht 99 Prozent. Wenn du irgendeinen Zweifel an deiner Farbe hast, komm' in die Mitte des Raumes. [Einige bleiben, wo sie sind und andere bewegen sich in die Mitte des Raumes.]

Dritter Teil

Jetzt kommen wir zum letzten Teil unseres Experiments. Es gibt einen Weg, um herauszufinden, in welcher Gruppe du sein solltest, um der Farbe des Aufklebers an deiner Stirn zu entsprechen. Wenn du das herausfinden kannst, ohne zu reden, ohne in einen Spiegel zu schauen oder deinen Aufkleber zu berühren, dann tu es. [Einige Teilnehmer bewegen sich zu den verschiedenen farblich gekennzeichneten Teilen des Raumes.]

Wenn du jetzt 100 Prozent sicher bist, dass du im richtigen Gebiet bist, bleib da, aber wenn du irgendeinen Zweifel hast, komm in die Mitte. [Einige bewegen sich, einige bleiben.]

Setzen wir uns.

Jetzt können wir reden. Was habt ihr für Gedanken, welche Reaktionen?

Anderen vertrauen

Mark: Ich musste andere Menschen beim Wort nehmen, welche Farbe ich hatte.

Jennifer: Ich hoffte, dass mich irgendeiner anschauen würde und sagen würde „Du musst dort hin gehen. Jetzt bist du am richtigen Ort." Ich musste ihrem Blickwinkel vollkommen vertrauen.

Richard: Du warst von ihrer Rückmeldung abhängig.

Jennifer: Ja.

Angela: Ich war mir 100 Prozent sicher, dass ich braun war, weil ich mit meiner Mutter zusammen war und ich meiner Mutter vertraute.

Richard: Dagegen kann ich nichts sagen! Du hast deiner Mutter vertraut. Ja, wir vertrauen unseren Müttern.

Angela: Sogar wenn es nicht meine Mutter gewesen wäre, hätte ich Vertrauen zu anderen Leuten gehabt, dass sie mir sagen, dass ich braun bin, dass sie mich nicht anlügen oder versuchen, mich auszutricksen.

Verwirrung

Nigel: Anfangs, als uns gesagt wurde, dass wir zu einem der Bereiche gehen sollten, hatte ich eine Eingebung meine Farbe betreffend. Beim zweiten Mal, als du sagtest „Versucht herauszufinden, wohin ihr gehen müsst", zog mich jemand zur braunen Farbe herüber. Als ich dann hier saß, schauten die Leute mich an, als wäre ich am falschen Ort.

Richard: Das muss verwirrend gewesen sein.

Nigel: Ich hatte eine Identitätskrise!

Richard: Es ist eine ganz schön mächtige Erfahrung, oder? Du warst verwirrt, weil du verwirrende Rückmeldungen bekommen hast.

Nigel: Ja.

Anderen nicht vertrauen

Peter: Ich war mir sicher, dass ich nie die richtige Farbe wissen würde, bis ich sie selbst sehen könnte, denn es hätte durchaus sein können, dass sich alle im Raum dazu verschworen hatten, mir die falsche Farbe zu nennen. Also warum sollte ich irgendjemandem vertrauen? Selbst meiner eigenen Mutter nicht, wenn sie hier wäre! Sie hätte ja auch Teil des Spiels sein können.

Sarah: Ich war mir ziemlich sicher, weil ich einige Rückmeldungen bekommen hatte, wo ich sein sollte. Aber als du dann gefragt hast: „Bist du sicher genug, um alles aufs Spiel zu setzen?" war ich's nicht, denn es gibt keine Möglichkeit, völlig sicher zu sein. Absolut keine Möglichkeit.

Richard: Das soll nicht heißen, dass du anderen Menschen nicht 99 Prozent vertrauen kannst, aber ich sagte 100 Prozent.

Sarah: Manche Menschen sind farbenblind, also hättest du jemand vertrauen können, der farbenblind ist, der vielleicht gar nicht weiß, dass er farbenblind ist.

Richard: Also Leute, die falsch liegen, ohne es zu wissen.

Mit dem Spiel einverstanden sein

Richard: Am Anfang habe ich gesagt: „Ich zähle jetzt bis fünf und bis dahin müsst ihr im richtigen Bereich sein…" Was wäre geschehen, wenn ihr alle beschlossen hättet: „Ich kann meine Farbe nicht sehen, also werde ich mich nicht bewegen?"

Barbara: Wir wären einfach sitzen geblieben.

James: Kein Spiel.

Richard: Kein Spiel. Wenn du das Spiel spielen willst, musst du deine Farbe raten oder jemandem vertrauen. Wenn es kein Spiel gibt, dann gibt es auch keinen Spaß und kein Lernen. Sich nicht zu bewegen, wäre verständlich gewesen, denn ihr könnt eure Farben nicht sehen, aber es hätte dann auch kein Spiel gegeben.

Carol: Die Tatsache, dass wir dir erlaubt haben, einen Aufkleber an unsere Stirn zu kleben, hat schon gezeigt, dass wir bereits damit einverstanden waren mitzuspielen.

Richard: Ja. An dem Punkt wart ihr alle bereits im Spiel.

Eric: Als du sagtest „Geht zu eurem Bereich", habe ich mich nicht bewegt, weil ich keine Möglichkeit hatte, zu wissen wohin. Es gab keinen Grund, mich zu bewegen, keinen Grund irgendwohin zu gehen.

Richard: Hast du dich schließlich doch bewegt?

Eric: Einen kleinen Schritt, hinüber zum braunen Bereich.

Richard: Warum?

Eric: Weil du uns gebeten hast, zu einem der Bereiche zu gehen.

Richard: Warum hast du gemacht, worum ich gebeten habe?

Eric: Ich habe das Spiel mitgespielt.

Richard: Genau! Wenn du nicht mitgespielt hättest, hätte es auch kein Spiel gegeben.

Eric: Genau.

Richard: Wenn es kein Spiel gibt, gibt es keinen Spaß und es gibt kein Lernen. Stell dir vor, du bist ein Kind und deine Eltern sagen zu dir: „Lächle für uns, Mary"—oder John oder wer auch immer du bist. Stell dir vor, du könntest mit Worten antworten und du sagst: „Ich kann nicht 100 Prozent sicher sein, dass ich

Mary bin und deshalb werde ich nicht reagieren." Das Ergebnis ist, dass du an der Interaktion nicht teilnimmst, dem Gespräch—du spielst das Spiel, Mensch zu sein, nicht mit. Um das Spiel Mensch zu sein mitzuspielen, das Spiel des Lebens, müssen wir anderen vertrauen, selbst wenn wir uns ihrer nicht 100 Prozent sicher sein können. Wir müssen vertrauen, dass da jemand in jedem dieser Köpfe ist. Es gibt keinen absoluten Beweis dafür, dass da tatsächlich jemand ist. Du fühlst meine Gefühle nicht, also wie kannst du dir 100 Prozent sicher sein, dass ich Gefühle habe? Aufwachsen heißt, lernen zu akzeptieren, dass du da in diesem Körper drin bist und dass andere dort in ihren Körpern drin sind. Ich lerne zu vertrauen, dass ich ein Gesicht hier habe, obwohl ich es noch nie hier gesehen habe. Das bedeutet zu lernen, das Gesichts-Spiel zu spielen. Das „Aufkleber-Spiel" ist eine Version des Gesichts-Spiels. Ich lerne, dir zu vertrauen, wenn du mir sagst, dass ich hier ein Gesicht habe. Ich erlerne das so fest, dass ich vergesse, dass ich es gelernt habe. Ich denke, dass es wahr ist. „Ich bin, wie ich aussehe. Natürlich bin ich das!" Dann kommt alles, was ich tue, von diesem Ausgangspunkt aus, oder? Ich handle von dem Ausgangspunkt her, dass ich von dir getrennt bin, dass ich hinter meinem Gesicht hier bin und du hinter deinem Gesicht dort. Ich bin in diesem Körper und du bist in jenem Körper. Wenn ich das nicht akzeptiere, kann ich das Spiel nicht spielen, kann ich nicht als Person an einer Gesellschaft von wirklich anderen teilnehmen.

Die Regeln herausfinden

William: Ich habe mich bewegt, weil ich nicht wusste, was ich sonst machen sollte. Es erschien mir das Richtige, das zu tun.

Richard: Ja, alle anderen machen es!

William: Ich hatte keine Zeit, es mir richtig zu überlegen.

Richard: Nein, hattest du nicht. Ich habe ziemlichen Druck gemacht. Ich sagte: „Los, los, los." Als sich alle anderen bewegten, hast du dich der Menge angeschlossen. Wenn wir uns einer Gruppe anschließen, versuchen wir herauszufinden, was die Grundregeln der

Gruppe sind. In diesem Workshop heute fragt ihr euch vielleicht, ob es erlaubt ist, mittendrin aufzustehen und zur Toilette zu gehen. Darfst du eine zweite Tasse Kaffee trinken? Kannst du rausgehen? Wir beobachten, was die anderen machen. Wir versuchen, die Situation zu lesen, um herauszufinden, was die unausgesprochenen Regeln sind, was das Richtige ist.

Sich dumm fühlen

Mark: Ich fühlte mich sehr unwohl. Ich fühle mich immer noch sehr unwohl, weil ich das Gefühle habe, dumm zu sein oder so. Ich dachte, ich hätte etwas bei den Erklärungen verpasst. Ich habe keine Ahnung, wie irgendjemand wusste, wohin er gehen muss. Grundsätzlich waren die Leute am richtigen Ort, außer ein paar. Ich bin nur zum silbernen Bereich gegangen, weil ich eine Art Logik anwendete. Ich dachte mir, die Farben seien gleichmäßig verteilt. Ich sah nur einen Silbernen, also schloss ich daraus, dass ich silber sein müsste. Aber ich erinnere mich nicht daran, dass du irgendetwas über die Farbverteilung gesagt hast. Ich dachte: „Ich habe keine Ahnung, wie irgendeiner das weiß. Wie finden sie es heraus?" Ich fühle mich ziemlich dumm.

Richard: Hast du gesehen, wie einige Leute andere herumgeschoben haben?

Mark: Nein, das habe ich nicht gesehen.

Richard: Du hast es nicht gesehen! So sind die Leute in die richtigen Bereiche gekommen—andere haben sie dorthin geschoben. Jetzt verstehst du, wie die Leute in die richtigen Bereiche gekommen sind.

Mark: Ja. Das hat mich sehr unsicher gemacht. Ich wusste nicht, wie sie herausgefunden haben, wo sie hin gehörten. Wie haben sie das gemacht?

Richard: Das ist genau das, worauf ich mich gerade bezogen habe und es spiegelt manche unserer Erfahrungen im Leben wider. Wenn wir aufwachsen, schließen wir uns Gruppen an, aber man sagt uns nichts über die unausgesprochenen Regeln. Wir müssen es ausprobieren und herausfinden, welches diese Regeln sind. Manchmal scheint jeder außer uns Bescheid zu wissen. Das war deine Erfahrung in diesem Spiel.

Spielen, nicht zu spielen

Margaret: Es ist lustig, denn gerade eben habe ich gedacht, dass ich offensichtlich ganz schön weit entwickelt bin, weil ich mich nicht bewegt habe. Jetzt erkenne ich, dass es das ist, was ich mein ganzes Leben lang getan habe – das Spiel nicht mitzuspielen. Ich stehe einfach an der Seitenlinie und denke, dass ich recht habe und ihr es alle nicht begreift. Es nervt, anzuhören, dass ich in diesem verdammten Spiel mitspielen sollte! Ich will nicht mitspielen. Nein! Wie ein kleines Kind

Richard: Das Spiel, das du spielst, heißt „Ich werde nicht mitspielen!"

Der Spiegel als Freund

Laura: Ich fühlte mich sehr unwohl. Das ist, wie ich mich im Leben oft fühle, wie wenn ich nicht dazu gehöre, wie wenn ich einen Fehler mache.

Richard: Ich weiß. Es ist sehr mächtig und dabei ist es nur ein Spiel mit Aufklebern!

Laura: Ich fühlte mich angespannt.

Richard: Du hattest das Gefühl nicht dazu zu gehören, weil...?

Laura: Weil ich gemischte Rückmeldungen bekam. So bin ich. Ich beobachte die Reaktionen von allen anderen und reagiere dann die ganze Zeit darauf.

Richard: Die einzige Möglichkeit herauszufinden, welche Farbe du hast, ist durch die Reaktionen der anderen, oder? Aber du bist jetzt verwirrt darüber, wo du hingehörst, oder? Willst du in einen Spiegel schauen und sehen, welche Farbe du hast?

Laura: Ja.

Richard: Schau in den Spiegel.

Laura: Er ist orange! Ich dachte, ich wäre rot.

Richard: Ja, er ist orange und nicht rot. Die Verwirrung kam auf, weil das Orange so ähnlich aussieht wie das Rot—es ist schwer, sie auseinander zu halten. Du könntest rot sein. Aber jetzt, indem du in den Spiegel geschaut hast, wurde dir klar, warum du unterschiedliche Botschaften von den anderen bekommen hast. Der Spiegel ist wirklich hilfreich, oder?

Laura: Ist er.

Richard: Jetzt fühlst du dich nicht mehr verwirrt. Sogar, obwohl du nicht zu einer Gruppe gehörst, weil es keinen orange-farbenen Bereich im Raum gibt, bist du nicht verwirrt.

Laura: Richtig. Ich bin nicht mehr verwirrt.

Hundert Prozent sicher

Jennifer: Jemand hat mich in eine der Gruppen geschoben und ich vertraute, dass er recht hatte.

Richard: Wem hast du vertraut?

Jennifer: Anthony.

Richard: Anthony ist so eine vertrauenswürdige Person!

Eric: Ich glaube, Anthony hat tatsächlich jemand in den falschen Bereich geschoben!

Richard: Vertraust du ihm immer noch?

Jennifer: Ich habe keinen Grund, ihm nicht zu vertrauen.

Richard: Aber er hat jemanden in den falschen Bereich geschoben!

Jennifer: Das weißt du nicht sicher.

Eric: Das ist richtig, aber ich weiß, dass Anthony gerne Spielchen treibt. Er ist boshaft.

Richard: Ich sagte, „Wenn ihr 100 Prozent sicher seid, dann bleibt, wo ihr seid." Bist du 100 Prozent sicher, dass Anthony dich in den richtigen Bereich gestellt hat?

Jennifer: Ja.

Richard: Einhundert Prozent?

Jennifer: Ja.

Richard: Wie kannst du dir 100 Prozent sicher sein, dass Anthony nicht farbenblind ist?

Jennifer: Oh!

Richard: Uups!

Jennifer: Ja, uups!

Richard: Zum Glück hast du kein Geld darauf gewettet!

Jennifer: Stimmt.

Richard: Ich sage nicht, dass Anthony nicht vertrauenswürdig ist. Ich frage, ob du 100 Prozent sicher sein kannst, dass man ihm vertrauen kann ?

Jennifer: Okay.

Du musst anderen vertrauen

Richard: Während wir heranwachsen, werden wir von allen um uns herum etikettiert. Erwachsen werden ist wie dieses Spiel, das wir gespielt haben—du findest heraus, wer du in der Gesellschaft bist, durch die anderen, denen du vertraust. Wenn du ihnen nicht vertraust, dann gibt es kein Spiel, keine Gesellschaft. Diese Rückmeldung von anderen geht weiter, wenn du ein Erwachsener wirst. Sie läuft gerade jetzt in diesem Workshop. Du bekommst fortlaufend Rückmeldung von anderen—jeder hier sagt dir die ganze Zeit, wer du bist, sprachlich und nicht-sprachlich. Und du akzeptierst es. Ich brauche dich nur anzuschauen und du fühlst dich angeschaut. Du akzeptierst, dass du bist, als was ich dich sehe—eine Person. Du kannst dein Gesicht nicht sehen, aber wenn du nicht akzeptierst, dass du bist, als was ich dich sehe—eine Person mit einem Gesicht—dann kannst du nicht „spielen". Du könntest in der Gesellschaft nicht funktionieren, weil du dich weigern würdest, deinen Platz in der Gesellschaft als Person zu akzeptieren.

Dazugehören

Richard: Wenn ihr in einer Gruppe von jemand anderem aufgenommen wurdet, war das ein gutes oder ein schlechtes Gefühl?

George: Ein gutes Gefühl.

Richard: Ein gutes Gefühl. Ah, Gott sei Dank, jemand will mich.

George: Genau. Es ist vorbei! Ich weiß, wo ich bin!

Richard: Ja, es ist vorbei. Wenn du ein Jugendlicher bist, willst du von den Gleichaltrigen akzeptiert werden. Du willst nicht ausgeschlossen werden. Du willst nicht nichts und niemand sein, du willst jemand sein. Es ist besser, irgendeiner als keiner zu sein, oder? Hatten andere diese Art von Gefühl, wenn ihr in ein Gruppe aufgenommen wurdet—jetzt geht's mir gut. Ich bin froh, dass ich nicht der arme Kerl in der Mitte bin, der nirgendwo hin gehört!

David: Ich fühlte mich richtig schlecht, denn als Kate zu unserer Gruppe kam, und ich kenne Kate schon ziemlich lange, dachte ich: „Du gehörst nicht zu uns."

Richard: Ja. Es kann hart sein, jemanden aus deiner Gruppe auszustoßen, zurückzuweisen.

Anne: Ich wollte den Kerl, der in der Mitte übrig blieb, holen und in unsere Gruppe bringen, egal, ob er silber ist oder nicht.

Richard: Was ging da in dir ab?

Anne: Ich mag es nicht, wenn jemand ausgeschlossen wird.

William: Ich dachte, „Okay, ich bin nicht rot, wohin gehe ich jetzt?" Mein Gefühl, als die anderen Leute „Ja" sagten, als sie mich in ihrer Gruppe willkommen hießen, war, dass ich es jetzt herausgefunden hatte.

Richard: Deshalb fühlst du dich jetzt gut. Das passt zu dem, was wir erleben, wenn wir aufwachsen. Am Anfang deines Lebens weißt du nicht, in welcher Gruppe du bist. Dann helfen dir die Leute, herauszufinden, was du bist. Wenn du dann erwachsen bist, bist du dir sicher, in welcher Gruppe du bist—ich bin rot und nicht gelb, also benehme ich mich jetzt wie ein Roter. Ich bin eine Person, ich bin kein Vogel oder Zug. Ich bin ein Junge und kein Mädchen oder ein Mädchen und kein Junge. Jetzt gehöre ich irgendwo hin. Jetzt weiß ich, wie ich mich benehmen muss!

William: Ja.

Richard: Ich muss wissen, wer ich in der Gesellschaft bin. Ich vertraue anderen, dass sie mir helfen, es herauszufinden. Wenn ich anderen nicht vertrauen würde, könnte ich nicht funktionieren. Aber du kannst nicht 100 Prozent sicher sein, welches deine Farbe ist, weil du sie nicht siehst. Und du kannst nicht 100 Prozent sicher sein, dass du eine Person bist—mit einem Gesicht, wie jeder andere. Aber du vertraust den Menschen zu 99 Prozent, wenn sie dir sagen, was du bist, was bedeutet, dass du im Spiel funktionieren kannst, im Leben.

Was ist sicher?

Gibt es irgendetwas dich selbst betreffend, worüber du 100 Prozent sicher sein kannst?

Margaret: Leere.

Richard: Ja. Zeige jetzt auf deinen Aufkleber—du siehst deinen Aufkleber nicht da, oder? Du siehst dein Gesicht nicht dort. Du siehst offenen Raum dort, nicht wahr? Hängt das Bewusstsein davon ab, dass andere es bestätigen?

James: Nein.

Richard: Die Wirklichkeit deiner wahren Natur, das, was am meisten du bist, der Kern von dir, hängt nicht davon ab, dass andere ihn bestätigen.

Carol: Es versteht sich von selbst.

Eric: Es kann nicht von anderen bestätigt werden.

Brian: Kannst du das nochmal sagen?

Richard: Du brauchst Bestätigung von anderen, um die Farbe deines Aufklebers zu kennen. Du musst immer wieder Rückmeldung von anderen bekommen, um zu wissen, wer du als Person bist. Aber wenn du zurück auf das Nichts zeigst, brauchst du mich, um zu bestätigen dass du das bist?

Brian: Nein.

Richard: Tatsächlich bin ich überhaupt nicht am richtigen Ort, um es zu bestätigen. Ich bin am richtigen Platz, um zu bestätigen, dass du einen Aufkleber hast, dass du ein Gesicht hast, aber ich bin nicht am richtigen Ort um dein Nicht-Gesicht zu bestätigen. Aber du bist am richtigen Ort, oder?

Brian: Ja.

Richard: Dein wahres Selbst hängt noch nicht einmal davon ab, dass du dich daran erinnerst. Ich bitte dich nicht darum, dich daran zu erinnern oder daran zu glauben oder darauf zu vertrauen, dass andere dir sagen, was du wirklich bist. Du kannst deine wahre Natur für dich selbst sehen, hier und jetzt.

Gesichter tauschen

Was siehst du anstatt deines Aufklebers?

Barbara: Die Aufkleber von allen anderen.

Richard: Ja. Von außen betrachtet bist du in einer Gruppe und nicht in den anderen Gruppen, aber von innen her bist du nicht in irgendeiner Gruppe, alle Gruppen sind in dir.

Negativ zu positiv

Während wir aufwachsen, lernen wir, unser Nicht-sein zu unterdrücken. Weil kein anderer unser ursprüngliches Gesicht sehen kann, lernen wir, dass es nicht wirklich ist. Obwohl ich mein Gesicht nicht sehe, sagst du mir, dass ich ein Gesicht habe, dass ich getrennt von anderen bin, also lerne ich, meiner Erfahrung zu misstrauen und stattdessen dir zu vertrauen. Ich unterdrücke das Bewusstsein dieser Offenheit. Manchmal, wenn ich als Erwachsener einen flüchtigen Blick auf mein Nicht-Gesicht habe, finde ich das beängstigend. Ich denke, dass ich verschwinde. Oder vielleicht weiß ich nicht, was ich sagen soll, mein Verstand setzt aus—ich habe das Gefühl, dass ich etwas sagen sollte, dass ich jemand sein sollte. Ich empfinde Druck von der Gesellschaft, etwas zu sein, auf eine bestimmte Art. Wir lernen, Angst zu haben vor der Erfahrung nichts zu sein, niemand zu sein, leer und unbeschrieben zu sein.

Jetzt wo wir zu dieser Offenheit wieder erwachen, können wir anfangen, dieses Nichts auf neue Art und Weise wertzuschätzen, diese nicht einzuordnende Lücke. Es ist Sein. Es ist der Raum, der alles enthält. Es zeigt, dass ich von niemandem getrennt bin, dass ich jetzt dein Gesicht anstelle meines eigenen habe. Es ist das Tor zur Verbundenheit. Es ist ein unendlicher Schatz—es liefert die ganze Zeit Ideen und Gedanken, die alle aus dem Nichts auftauchen. Geräusche kommen die ganze Zeit aus dem Nichts heraus und hinein. Dieser ganze Tag, den wir heute zusammen verbringen, taucht in diesem Nichts auf—was für ein schöpferischer Raum! Jetzt kann ich wertschätzen, dass das, wovor ich Angst hatte, ein Segen ist.

Ich bin Nichts und Niemand, was bedeutet, dass ich voll bin von allem und jedem. Gleichzeitig kenne ich mich weiterhin als Person— ich bin zwei-seitig. Ich bin ein Niemand und ich bin Richard.

Roger: Ich bin froh, dass du das gesagt hast. Vorhin hast du darüber gesprochen, dass Selbst-Bewusstsein okay ist. Als ich zum ersten Mal vom kopflosen Weg hörte, vom Nichts, habe ich fast versucht, dieses Selbst-Bewusstsein abzutöten.

Richard: Das schaffst du nicht. Anstatt es abzulehnen, heiße es jetzt willkommen. Selbst-Bewusstsein ist jetzt Teil der Situation. Es bedeutet, dass du als das Eine am Spiel teilnehmen kannst, du kannst deine Rolle in der Gesellschaft spielen.

Missverständnisse

John: Es war interessant. Ich beobachtete Mary, wie sie den Verkehr dort regelte. Das Gebiet war gelb, aber Mary lotste Sue dort hin und Sue war rot.

Mary: Ich habe Sue nicht gelotst!

Richard: Ich sehe, dass da ein Missverständnis war!

Mary: Du hast mich gelotst!

John: Ich?

Phil: Ihr beide habt mich hierhin dirigiert, aber dann sagte mir jemand anders, ich solle da rüber gehen!

Richard: Ihr habt Phil dorthin geschickt?

Mary: Ich nicht. Der da.

William: Wunderbar!

Richard: Ist das nicht interessant!

William: Die Angaben sind nicht immer richtig.

Alex: Die Menschen können Fehler machen in der Art und Weise, wie sie dich leiten. Deshalb ist deine Frage wichtig—„Bist du jetzt 100 Prozent sicher, dass du in der richtigen Gruppe bist?"

Mein Leben auf einen Irrtum aufbauen

Richard: Du bekommst Rückmeldung von anderen, aber die ist nicht immer richtig. Als Babies sind wir hilflos und haben keine andere Möglichkeit, als zu akzeptieren, was uns andere sagen. Die Botschaft hinter all diesen Botschaften, welchen Aufkleber du angeblich hast, ist, dass du eine Person bist, in einem Körper bist. Du kannst dir nicht sicher sein, dass die anderen recht haben, aber welche andere Möglichkeit hast du, als ihnen zu vertrauen? Daher lerne ich, mich selbst so zu sehen, wie du mich siehst, obwohl du falsch liegen könntest. Ich baue mein Leben vielleicht auf einem Fehler auf, einem Missverständnis darüber, wer ich bin. Tatsächlich bin ich. Ich lebe, als wäre ich nur meine äußere Erscheinung, als wäre ich nur, was du mir sagst, dass ich das bin. Der Fehler, den ich mache, ist, dass ich übersehe, wer ich wirklich bin. Ich lebe eine Art Halbleben.

Nicht das Ende des Spiels

Wenn du ein Säugling bist, weißt du nicht, dass du eine Person bist, aber wenn du aufwächst, nimmst du an dem, was geschieht, teil und lernst so zu tun, als ob du eine Person wärst. Du akzeptierst, was dir andere sagen, weil du nicht ausgeschlossen werden willst. Trotzdem gibt es keine Wahl—nicht teilzunehmen heißt nicht teilnehmen am Leben.

Dann sagt die Gesellschaft: „Du hast nicht herausgefunden, wer du in der Gesellschaft bist. Du bist eine Person. Du bist John oder Ellen oder wer auch immer." Du akzeptierst, dass das Ziel ist, herauszufinden, wer du bist—welchen farbigen Aufkleber du bei diesem Spiel trägst und welche Person du im Leben bist. Wenn du einmal herausgefunden hast, wer du bist, musst du die Verantwortung dafür übernehmen, diese Person zu sein. Du musst lernen, so zu tun, als ob du dieser eine wärst. Das ist das Abkommen, das Spiel. Du hast keine Wahl, welche Person du bist—du bist derjenige, den du im Spiegel siehst. Du kannst dir nicht aussuchen, jemand anders zu sein. Also spielst du so gut du kannst mit den

Karten, die man dir ausgeteilt hat. Und das war's. So ist das Leben, scheinbar. In diesem Spiel, im Leben, findest du heraus, welchen Aufkleber du hast und du lernst so zu tun, als ob du derjenige wärst. Im Leben geht es darum, das beste aus der Person zu machen, als die du dich vorfindest.

Aber herauszufinden, wer du in der Gesellschaft bist, muss nicht notwendigerweise das Ende des Spiels sein. Möglicherweise ist es nur die Hälfte deiner Entwicklung. Normalerweise erkennen die Leute nicht, dass es einen anderen Teil des Spiels gibt, eine andere Phase im Leben. Der nächste Teil besteht in dem, was ihr heute in diesem Workshop macht—wieder-erwachen zu dem, der du wirklich bist. Wer du wirklich bist, ist nicht, was die anderen sagen, dass du es bist. Es ist, was du selbst siehst, daher musst du für dich selbst aufstehen, du musst selbst sehen, musst dich selbst suchen. Deshalb liegt in diesem Workshop auch eine gewisse Art von Trotz. „Ich lasse mir nicht von irgendjemand anders sagen, wer ich wirklich bin, weil sie nicht da sind, wo ich bin, weshalb sie auch keine Berechtigung haben, mir zu sagen, was ich in meiner Mitte bin. Stattdessen werde ich selbst schauen, mich selbst suchen. Ich kann meinen Aufkleber nicht sehen. Ich kann mein Gesicht nicht sehen. Was bedeutet das denn? Ich bin nicht einzuordnen! Ich bin nicht in einem Körper!"

Da ich keinen farbigen Aufkleber hier finde, erkenne ich gleichzeitig, dass alle farbigen Aufkleber in mir sind. Ich sehe alle anderen Farben anstelle meiner eigenen. Ich tausche Aufkleber, ich tausche Gesichter, ich tausche Identitäten. Ich bin nicht in einem Körper, alle Körper sind in mir! Aber höre ich jetzt auf damit, das Spiel zu spielen, dass ich in einem Körper bin, dass ich eine Person in der Gesellschaft bin? Nein. Ich mache damit weiter, das Spiel zu spielen, aber jetzt mit dem inneren Bewusstsein dessen, der ich wirklich bin. Das ermöglicht mir sogar noch besser als Person zu handeln, mit mehr Mitgefühl, mehr Verständnis, mehr Kraft. Ich entdecke ein wachsendes inneres Vertrauen, weil ich jetzt von der Erfahrung aus handle, wer ich bin und auf die ich vollkommen vertrauen kann, statt von dem her, was du mir sagst, dass ich bin—und worüber ich nicht vollkommen sicher sein kann. Das bedeutet große Freiheit und Kreativität und Sicherheit. Ich bin nicht in einem Körper—ich bin nicht begrenzt. Tief innen bin ich frei! Meine Welt entfaltet sich auf wundersame Weise aus diesem Bewusstsein heraus—wie schöpferisch mein wahres Selbst ist! Und mein Sein kann nicht bedroht werden—ich bin sicher. Vollkommen sicher. Wir fahren also damit fort, das Spiel zu spielen, das „Spiel" des Lebens, aber jetzt auf grundlegend andere Weise, von einer tieferen und wirklich wahren und verlässlichen Basis aus.

Begrenzungen

Peter: Ich werde in dieser gelben Gruppe bleiben, um akzeptiert zu werden, weil sie mir alle sagen, dass sie mich lieben und diese rote Gruppe da drüben nicht oder während ich aufwachse, bin ich „weißer Müll", ich sehe sie mir an und denke: „Ich mag keinen von ihnen, außer die, die mich so annehmen, wie ich bin." Aber ich kann mich selbst nicht innerhalb dieser Gruppe akzeptieren. Das ist der Kampf, mich anzunehmen und mir keine Sorgen über die Meinung von irgendjemand anders zu machen.

Richard: Ich verstehe. Aber ich schlage vor, dass du dir vielleicht während dieses Workshops heute Gedanken darüber machst, dass von deinem eigenen Standpunkt aus—nun, ich spreche mal aus meiner Sicht: Ich bin nicht braun oder silber oder rot oder gelb oder irgendetwas. Das ist meine Wirklichkeit, obwohl du mir sagst, dass ich eine bestimmte Farbe habe. Welche Farbe habe ich? Gelb? Also akzeptiere ich, dass ich in deinen Augen Gelb bin. Ich kann meine Farbe nicht sehen, aber ich vertraue darauf, dass du mir die Wahrheit sagst. Aber du könntest ja farbenblind sein, daher kann ich nicht 100 Prozent sicher sein. Trotzdem benehme ich mich so, als ob ich gelb wäre, weil ich deine Rückmeldung annehme. Aber meine innere Wahrheit ist, dass ich nicht gelb bin oder silber oder sonst irgendetwas. Ich habe kein Gesicht. Ich bin klarer Raum hier. Daher sind alle die Roten und die Gelben, all die Menschen, die mich mögen und nicht mögen, in Wirklichkeit ich selbst. Das mag vielleicht keine angenehme Entdeckung sein, weil ich vielleicht lieber nicht irgendjemand wäre, aber es ist, wie es ist. Aber zu sehen, dass du Raum für andere bist, heißt nicht, dass du andere alles mit dir machen lässt. Während du deine grenzenlosen Arme um jeden legst, schätzt du immer noch deine eigene Verschiedenheit. Mir meines zwei-seitigen Wesens bewusst zu sein, bedeutet in einigen Situationen, dass ich sagen kann: „Bleib dort! Ich bin du, aber halte Distanz! Ich bin unbegrenzt, aber das ist die Linie zwischen dir und mir und ich will, dass du dort stehen bleibst!"

Nichts bleibt hängen

James: In den letzten sechs Monaten wurde ich viel offener als jemals zuvor in meinem ganzen Leben, weil ich versucht habe, herauszufinden, wer ich bin. Ich war so lange in einem Käfig in meinem Kopf weggesperrt. In den letzten sechs Monaten wurde ich für beides, silber und rot, offen. An manchen Tagen geht es mir immer noch unter die Haut. Ich arbeite daran, sogar während ich hier sitze. Aber noch vor einem Jahr hätte ich gesagt: „ Du nervst, lass mich in Ruhe."

Richard: Okay. Aber das Tolle daran ist, obwohl ich akzeptiert hätte, dass du mich so siehst, ist da kein Platz, um diesen Namen oder dieses Etikett hier in meiner Mitte dran zu kleben. Egal was irgendjemand sagt, nichts bleibt an deinem wahren Selbst haften, weil nichts hier ist, wo du es ankleben könntest. Ich schaue hier hin und sehe, dass da kein Etikett klebt. Das ist befreiend. Natürlich wirst du nicht jeden dazu bringen, dich zu mögen. Es werden immer Dinge geschehen, die du nicht geschehen lassen willst. Aber schau genau hin, ob sie hängen bleiben. Das tun sie nicht. Das ist die einfache Wahrheit. Obwohl ich mich vielleicht verletzt fühle durch etwas, das jemand über mich sagt, hier in der Mitte ist die Wahrheit und Wirklichkeit, dass es nicht hängenbleibt.

Dale: Sehr befreiend.

Richard: Es ist deine grundlegende Wirklichkeit. Die

grundlegende Wirklichkeit von dem, der du bist, ist nicht anhaftend. Das ist ein Fachausdruck, den ich in einer geheimen buddhistischen Abhandlung gefunden habe—„nicht anhaftend".

Peter: Hast du gerade gesagt in den „buddhistischen Baumkronen"? [*Wortspiel: ähnlicher Wortklang im Englischen von „treatise"—„Abhandlung" und „treetop"—„Baumkrone"; Anm. d. Übers.*]

Richard: Ich sagte „in einer buddhistischen Abhandlung". Aber „Baumkrone" ist besser. In den buddhistischen Baumkronen.

Dale: Ja, der Aufkleber kann dort angebracht werden, aber nicht hier. Wunderschön.

Richard: Tatsache!

Dale: Niemals persönlich.

Richard: Du kannst es einfach nicht machen. Es hängt nicht davon ab, ob du gut darin bist oder nicht oder ob du es verstehst oder nicht, es bleibt einfach nicht haften. Sehen, wer du wirklich bist, heißt, die Wirklichkeit annehmen. Eine sehr schöne, tolle Wirklichkeit. Kein Etikett klebt hier. Ich schaue dich an, aber meine Reaktion auf dich bleibt nicht hängen, oder? Da ist nichts. Das ist Freiheit. Aber du bist immer noch offen für meine Reaktion. Du brauchst nicht leugnen oder ausblenden, was ich sage. Was du vielleicht über Richard sagst, könnte wahr sein—es ist deine Sichtweise von mir. Aber es ist nicht, wer ich wirklich bin. Fantastisch.

Du kannst deine nicht-einzuordnende Natur nicht nach außen hin beweisen. Von außen bleiben alle Etiketten kleben, zumindest bis zu einem bestimmten Grad. Aber innerlich bleibt nichts haften. Du bist klar wie Glas. Du bist wie ein Spiegel, der alles reflektiert, aber der Spiegel selbst wird niemals von dem befleckt, was er reflektiert. Dein Gesicht im Spiegel wird schmutzig, aber deine wahre Natur, dein ursprüngliches Gesicht—niemals. Das ist praktisch. Diese Freiheit in deiner Mitte ist eine beobachtbare Tatsache. Sie existiert nicht, weil du jahrelang meditiert hast oder irgendwie besonderes Glück hast oder besonders bist oder anders. Sie hat damit nichts zu tun. Es ist einfach eine Tatsache, einfach die Wahrheit. Du schaust aus diesem offenen Raum heraus, diesem kopflosen Raum.

Wir alle schauen daraus heraus. Wenn du siehst, wer du wirklich bist, verstehst du, glaubst du, dass jeder andere auch aus diesem Raum herausschaut. Das ergibt einen Sinn. Er ist absolut sauber, klar, ruhig, frei—für jeden.

Kommunikation ist zwei-seitig

Diana: Ich dachte daran, als ich in der Realschule war, da war ein Mädchen die Anführerin der Gruppe. Jeder hat auf sie gehört.

Richard: Sie war die Autorität.

Diana: Ja. Bedeutet das, dass sie diese Sichtweise von sich selbst angenommen hat, weil jeder sie als Autorität betrachtet hat?

Richard: Sie hat das anderen gegenüber genauso gemacht, wie andere ihr gegenüber. Wir machen das alle gegenseitig. Ihr wurde diese Identität zurückgespiegelt, aber sie spiegelte euch zurück, dass ihr ihre Gefolgsleute wart. Das war der Deal. Aber noch tiefer ist die unterschwellige Transaktion, dass du ein Ding bist. Ich bin ein Ding, du bist ein Ding. Du bist nicht „Nichts, voll mit allem". Du bist ein Ding, das getrennt ist von allen anderen Dingen und Dinge sind begrenzt, Dinge sind verwundbar, sie werden verletzt, sie sterben und du kannst nur an einem Ort zur gleichen Zeit sein und all so ein Zeug. Das ist die unterschwellige, unausgesprochene Botschaft all unserer Kommunikation.

Wenn wir zu DIESEM erwachen, siehst du, dass du Nichts bist. Du bist kein Ding. Dieses Bewusstsein ist genauso ansteckend, wie uns gegenseitig zu „verdinglichen". Ich schaue dich jetzt an und ich bemerke, dass ich weit offener Raum für dich bin. In dieser Gruppe haben wir jetzt die Erlaubnis, es steht an erster Stelle, dass wir Raum füreinander sind. Das ist ansteckend. Es ist Liebe. Grundsätzlich ist es Liebe. Es bedeutet, jeden anzunehmen, so wie er gegeben wird, in dir. Aber bedeutet das nun, dass wir aufgehört haben, zurückzuspiegeln, wer wir als Menschen sind? Nein. Hi, Phil! Weißt du, jemanden ansprechen, bedeutet, ihnen zurückzuspiegeln, wer sie als Person sind und gleichzeitig dich selbst auf eine Art durch ihre Augen zu sehen.

Der Spiegel sagt die Wahrheit

Wir vertrauen dem Spiegel, oder? Aber wenn wir in den Spiegel schauen, machen wir einen Fehler. In der Gesellschaft, auf der dritten Stufe, schaust du in den Spiegel und du sagst: „Ich bin das da." Du stellst dir vor, dass das Gesicht dort hier ist. Aber du irrst dich. Dein Gesicht ist nicht hier, es ist dort im Spiegel. Du denkst, dass du recht hast, du bist dir absolut sicher, dass du recht hast—„Ich bin der da hier." Aber du machst einen Fehler.

Dann, wenn du die vierte Stufe des Lebens erreichst, erkennst du, dass dein Gesicht dort ist und hier nichts, außer Raum für andere. Aber du spielst das Spiel immer noch mit, du bist immer noch beteiligt. Tatsächlich kannst du das Spiel jetzt besser spielen, weil du nicht mehr auf die selbe Art süchtig nach dem da im Spiegel bist, bist du nicht Gesicht-zu-Gesicht mit anderen und deshalb stehst du anderen nicht gegenüber, bist nicht getrennt von anderen. Du bist offen gemacht. Es ist ein ganz anderes Spiel, ein völlig anderes Spiel. Die Gesellschaft sagt uns, dass das Spiel aufgehört hat, als wir in den Spiegel schauten und das Gesicht von dort hier über unsere Mitte stülpten. Das ist, wie einen Film zu sehen und ans Ende zu kommen und zu denken: „War's das?" Dann findest du die zweite DVD! „Oh, wow! Das war gar nicht das Ende!" Stufe vier, der Sehende, ist die zweite DVD. Der „kopflose Weg" ist die zweite Jahreszeit! Das ist fantastisch. Alles ist nach außen gekehrt und umgekehrt als man uns erzählt hat. Trotzdem machen wir weiter damit, das Spiel zu spielen. Fantastisch.

Du bist wie ich

Jetzt wo du siehst, dass du nicht in einer Gruppe bist, dass alle Gruppen in dir sind, erkennst du, dass das für jeden, den du triffst, auch wahr sein muss. Ich kann Roger dort sehen, aber ich weiß, dass du, Roger, von deinem Standpunkt aus, voll von allen anderen bist. Das ändert meine Sichtweise von anderen, denn bevor ich die zweite DVD habe, sehe ich andere an und handle so, als ob die anderen nur ihre äußere Erscheinung wären. „Du bist ein festes Ding da drüben, du bist begrenzt, du bist getrennt von mir—ich bin nicht du." Aber wenn ich die zweite DVD bekomme, schaue ich und denke bei mir: „Alles klar, so siehst du also aus. Aber jetzt, da du wie ich bist, weiß ich, dass du auch aus diesem offenen Raum herausschaust. Du bist kein festes Ding, du bist Nichts-voll-mit-allem. Du bist nicht begrenzt, du bist unendlich. Du bist nicht getrennt von mir—ich bin du und du bist ich." Wenn ich das ernst nehme, muss es verändern, wie ich mich „anderen" gegenüber verhalte.

Douglas Harding schrieb in seinem Buch „Die Entdeckung der Kopflosigkeit" darüber, wie das Sehen seines ursprünglichen Gesichts ihn beeinflusste. Er sagte mehr oder weniger (ich gebe das in eigenen Worten wider)—„Ich sah, das ich kopflos war und da waren zwei Dinge, die ich sofort begriff. Das erste war, dass ich Gesicht zu Nicht-Gesicht mit anderen bin—ich bin offen gemacht für andere. Ich stehe keinem gegenüber, weil ich mit keinem „Gesicht zu Gesicht" bin. Meine zweite Erkenntnis war, dass jeder im gleichen Zustand sein muss wie ich. Jeder muss offen gemacht sein für andere und die Welt." Was ihn dazu führte „jeden für die Welt zu halten". Wenn du „jemanden für die Welt hältst", bedeutet das, dass du höchsten Respekt für sie empfindest. Aber der Respekt über den Douglas nachdachte, war nicht darauf begründet, welche Art von Person jemand sein könnte, als vielmehr die Tatsache, dass sie überhaupt keine anderen Personen sind, sondern Raum für die Welt. Gerade eben weiß ich, dass, wo Charlie ist, in Charlies Mitte, gar nicht Charlie ist, sondern die Welt. Du bist Aufnahmefähigkeit für die Welt. Du bist Raum, dort wo du bist, genauso wie ich. Zu sagen „Ich halte dich für die Welt", begründet sich nicht auf einer wohlmeinenden Fantasie über andere, sondern auf einer realistischen Einschätzung der anderen. Das ist, wer sie wirklich sind. Ich halte dich für die Welt, weil du die Welt bist. Im Licht dieser Wirklichkeit lebend, fängt unser Leben an sich zu öffnen und weiter zu öffnen, sich zu vertiefen und weiter zu vertiefen. Die zweite DVD hört niemals auf zu laufen!

Kapitel 18

Vertrauen

Richard: Sehen, wer du wirklich bist, ist direkte Erfahrung. Es bedeutet, zur Wirklichkeit zu erwachen. Jetzt habt ihr eine feste Grundlage für euer Leben gefunden.

Dale: Absolutes Vertrauen. Das einzige, worauf man sich verlassen kann. Direkte Erfahrung.

Charles: Absolutes Vertrauen haben—ist das nicht egoistisch? Denken, dass du es alles weißt—ist das nicht eine Ego-Sache?

Richard: Das Vertrauen, auf das ich mich beziehe, hat nichts damit zu tun, dir selbst persönlich zu vertrauen. Ich rede nicht darüber, dass ich in Richard Vertrauen habe, dass ich absolut auf ihn vertraue, ich rede über das, was ich inwendig bin, dieser offene Raum, der voll ist mit allem. Das ist wirklich. Darauf kann man sich verlassen. Das ändert sich nie—das Ganze, das Nichts, das immer voll ist mit etwas, ist nicht innerhalb der Zeit. Jedes individuelle Ding ist innerhalb der Zeit, es kommt und geht. Dieser Workshop kommt und geht. Aber das Eine ist außerhalb der Zeit, es ändert sich nicht. Also kannst du Vertrauen darin haben in dem Sinne, dass es immer da ist, ob dir das gefällt oder nicht.

Und man kann noch in einem weiteren Sinne dem Einen vertrauen—ich vertraue darauf, dass das Eine unendlich weise ist. Es ist weise, weil es ist. Es ist geschehen. Es weiß, wie es sein muss, in der Existenz zu erscheinen aus der dunkelsten aller Nächte, der Dunkelheit des Nicht-Seins. Dieses Erscheinen, diese Explosion ins Sein ist ein Wunder. Das ist klug. Dein wahres Selbst ist in höchstem Maße klug! Da bin ich mir sicher.

Wir unterscheiden zwischen uns selbst persönlich und dem Einen, zwischen individuellen Dingen innerhalb des Einen, die kommen und gehen und nicht absolut verlässlich sind und dem Einen selbst, das niemals kommt oder geht. Wenn du dem Einen, der weder kommt noch geht, der das Sein erschaffen hat—der das Sein gerade

jetzt erschafft—nicht vertrauen kannst, wem oder auf was kannst
du dann vertrauen?

Kapitel 19

Die Röhre

Das Experiment mit der Röhre richtet die Aufmerksamkeit auf die offensichtliche Tatsache, dass du, wenn du jemand anderen anschaust, sein oder ihr Gesicht siehst und nicht dein eigenes. Wir nennen das „Gesicht zu Nicht-Gesicht" sein. Wir nennen es auch „Gesichter tauschen". Ich habe jetzt dein Gesicht und du hast meins. Das ist das Gegenteil von dem, was andere sehen, oder? Wenn ich dich anschaue, Anne, sehen andere unsere beiden Gesichter—deins ist dort und meins ist hier. Aber für uns ist es das Gegenteil—wir tauschen Gesichter. Wenn du dir dessen bewusst bist, wird jedes Gesicht nun eine Erinnerungshilfe an dein Nicht-Gesicht. Das Gesicht von irgendjemand zu sehen, kann dich jetzt daran erinnern, dass du keins hast. Wann immer du mit jemandem zusammen bist, erhältst du sein Gesicht in deinem Raum. Das zu tun, ist eine Sache von Liebe. Das Röhren-Experiment fokussiert unsere Aufmerksamkeit darauf, Raum zu Gesicht mit anderen zu sein.

Vor einigen Jahren beschloss ich, das Röhren-Experiment ziemlich am Anfang eines Workshops zu machen. Eine Frau, die noch an keinem Workshop vorher teilgenommen hatte, saß links von mir. Ich dachte: „Na ja, ich werde die Röhre mit ihr zusammen zeigen. Warum nicht?" Sie war dabei, also schauten wir in die Röhre, um dem Rest der Gruppe zu zeigen, was sie tun sollten. Als sie fertig war, rief sie: „Oh mein Gott, ich bin gerade ein Mann geworden!"

Du wirst der andere!

Such dir jemanden, der das Röhren-Experiment mit dir zusammen macht.

Wenn du durch die Röhre hindurch die andere Person anschaust, musst du ihr nicht in die Augen schauen. Wenn du möchtest, kannst du das tun, aber es ist nicht in erster Linie eine Kommunikationsübung. Wenn du kommunizieren möchtest, lächeln oder so, kannst du das natürlich tun. Ich möchte nur den zugrunde liegenden Zweck des Experimentes klären, der darin besteht, darauf zu achten, wie es an deinem Ende der Röhre ist und wie dein Ende im Gegensatz zum anderen Ende aussieht. Wenn du dich ein bisschen befangen in der Röhre fühlst, ist das ganz normal.

Schau mit deinem Partner zusammen in die Röhre.

Du siehst ein Gesicht am anderen Ende—siehst du ein Gesicht an deinem Ende?

Ist nicht die Regelung: Gesicht dort am anderen Ende zu keinem Gesicht hier an diesem Ende?

Du bist nicht „Gesicht zu Gesicht" mit der Person dort, sondern „Gesicht dort zu Nicht-Gesicht hier". Ist das wahr?

Bist du nicht offen gemacht an deinem Ende—aufnahmebereit für das Gesicht am anderen Ende?

Kommt raus, schließt eure Augen für einen Moment und entspannt euch.

Okay, öffnet eure Augen und schaut nochmal rein.

Wessen Gesicht hast du jetzt?

Könnte man nicht sagen, da du kein eigenes Gesicht hast, dass das Gesicht der anderen Person deins ist?

Könntest du nicht sogar sagen: „Indem ich hier leer bin, bin ich Raum für dich. Ich bin du."

Dies ist eine nicht-sprachliche Erfahrung, wenn also meine Worte nicht für dich passen, wähle deine eigenen oder benutze überhaupt keine Worte.

Kommt raus, schließt eure Augen und entspannt euch.

Öffnet eure Augen. Irgendwelche Reaktionen, die ihr mitteilen möchtet?

Brian: Ich habe ihr Gesicht.

Richard: Das ist gut, oder? Wenn du jetzt mich anschaust, hast du mein Gesicht!

Brian: Das war unglaublich für mich, weil ich es bis jetzt alleine zuhause mit dem Spiegel gemacht habe. Ich hole die Röhre zum Spiegel und mein Gesicht ist da am anderen Ende. Für mich ist das eine sehr tiefgründige Erfahrung. Was an dieser Erfahrung interessant war, ist, dass ich fühlte, dass ich das andere Gesicht wurde. Es war mein Gesicht.

Richard: Ist das nicht wunderschön!

Angela: Ich habe das mit John gespürt. Ich habe sein Gesicht angenommen.

Kevin: Ich dachte, ich hätte den Kopf von jemand anders auf meinen Schultern.

Richard: Ja, ist das nicht unglaublich? Es ist erstaunlich, wunderbar. Was für eine Freude, die andere Person zu werden.

David: Es fühlt sich verletzlich an. Du bist dir deines eigenen Gesichts bewusst, dass du alterst.

Eric: Gesicht-zu-Nicht-Gesicht—vom Standpunkt deiner eigenen Erfahrung gibt es kein Altern auf deiner Seite der Röhre.

Brian: Beim zweiten Mal wurde das andere Gesicht zu meinem Gesicht. Diese Veränderung war erschreckend.

Carol: Dieses Experiment ließ die Leere so lebendig erscheinen. Das Gesicht dort in der Leere hier.

Richard: Laurens van der Post hat ein Buch über die Kalahari Buschmänner geschrieben. Als er mit einem der Buschmänner unterwegs war, sahen sie in der Ferne einen anderen Buschmann, der mit einem Speer auf sie zurannte. Er kam bis zu ihnen, steckte seinen Speer in den Sand und begrüßte sie auf Art der Kalahari: „Ich war tot, jetzt bin ich lebendig." Diese Leere ist tot ohne das, was sie füllt.

Margaret: Am einen Ende der Röhre ist das Nichts, Aufnahmevermögen für alles. Dann taucht dort etwas auf. Du bist tot, bis du eine Art Verbindung hast, aber es passiert nicht einem Gesicht . Die Tatsache, dass es geschieht, wo kein Gesicht ist, ist eine unglaubliche Erfahrung.

Anne: Ich konnte sehen, dass dieses Ende völlig offen war und Gloria war da. Gloria war das einzige da. Ich war nichts, sie war da.

George: Wenn wir uns aus der Entfernung eine Weile anstarren würden, würde ich mich befangen fühlen.

Richard: Ja, würdest du.

George: Aber in der Röhre war es nicht so, weil ich gar nicht da war.

Richard: Ihr seht den möglichen Vorteil! Das ist tiefgreifende Therapie, oder?

George: Ja.

Nigel: Ich dachte: „Was denkt er, wie sehe ich aus?" Dann dachte ich: „Das ist nur ein Gedanke!"

Richard: Ja, das ist es. Und dieser Gedanke hat dein Nicht-Gesicht nicht beeinträchtigt, oder?

Nigel: Er war im Weg.

Richard: Echt? Denke den Gedanken, dass ich dich jetzt sehen kann. Halte den Gedanken für einen Augenblick fest. Fühlst du dich gehemmt?

Nigel: Ja

Richard: Während du das jetzt denkst, während du dich gehemmt fühlst, kannst du dein Gesicht sehen?

Nigel: Nein

Richard: Also kommt es dir nicht in die Quere, oder?

Nigel: Nein.

Richard: Nein.

Nigel: Ja und nein.

Richard: Nein, ich lasse dich damit nicht davon kommen. Wie verhindert es, dass du dein Nicht-Gesicht siehst, wenn du dich dafür entscheidest, es zu sehen?

Nigel: Richtig, es ist eine Entscheidung.

Richard: Es ist eine Entscheidung, oder? Ja. Und du kannst diese Entscheidung treffen, egal was gerade geschieht. Ist das wahr?

Nigel: Ja.

Richard: So ist es für mich.

Nigel: Ich muss nur daran denken, immer und immer wieder.

Dale: Als Übende im traditionellen Buddhismus, hat diese Erfahrung meine grundlegende Praxis erweitert. Die Worte: „Ich bin Aufnahmevermögen für dich"—sie erscheinen mir von meiner Erfahrung her richtig. Es ist weit offen. Dieses Experiment erlaubt mir, diese Offenheit zu vertiefen. Ich bemerke, dass, wenn Gedanken auftauchen, da kein Platz ist, wo sie sich festhalten können, auf dieser Seite der Röhre. Sie ist nur weit offen. Wenn du dem Gedanken Aufmerksamkeit schenkst, dann erlebe ich den Gedanken, aber wenn ich der Offenheit Aufmerksamkeit schenke, ist der Gedanke wie eine Wolke am Himmel meiner Erfahrung. Da ist kein Platz für den Gedanken, wo er sich anheften kann. Deshalb ist es egal, ob mir der Gedanke gefällt oder nicht, denn es gibt keinen Platz, wo sich dieser Gedanke anheften kann. Das ist bedingungslose Freiheit.

Richard: Wundervoll! Danke!

Steve: Ich erinnere mich daran, wie ich dieses Experiment zum ersten Mal gemacht habe. Als ich dem Blick der anderen Person begegnete, war das, als würde sie einfach durch mich hindurch sehen.

Mein kleines Ich durchschauen, meine äußere Erscheinung—und in alles hineinblicken, wofür ich mich schäme, all diese Schichten, die selbst ich nicht anschauen will. Also versuche ich, als der kopflose Raum inmitten all dieser Dinge, für die ich mich schäme, offen zu bleiben, so dass all diese Schichten hereinkommen können.

Richard: Wunderschön. Ich verstehe. Du bist sicher als dieser kopflose Raum, oder?

Steve: Ja.

Jennifer: Ein völliges Fehlen von Konfrontation. Da war kein „Ich", das meinen Partner anschaute. In meiner Erfahrung war da nur mein Partner. Kein Druck, keine Befangenheit, nur dieses Feld und da ist mein Partner drin, in dem Bewusstseinsfeld. Einfach. Sehr einfach.

Laura: Ein Gefühl zu verschmelzen.

Mark: Es ist eine Sache, wenn du dich als dieser leere Raum auf jemand anders beziehst, der ein Ding ist, denn du kannst der leere Raum sein und sie sind das Ding. Aber wenn zwei Menschen Nicht-Ding sind, wird die ganze Sache flach. Zwei Nicht-Dinge, die Nichts zusammen sind, das hat eine andere Qualität.

Richard: Ja und nein—weil niemand anders seinen Kopf verliert.

Mark: Von meinem Blickwinkel aus?

Richard: Ja.

Mark: Du hast immer noch deinen Kopf, für mich.

Richard: Ja. Alle anderen behalten ihre Köpfe. Und jeder ist sich seines eigenen Kopfes bewusst.

Mark: Aber ich fühle, dass du keinen Kopf hast.

Richard: Ich weiß! Deshalb habe ich „Ja und nein" gesagt. Das ist das Schöne daran—es ist beides/und. Jeder ist sich seines Kopfes und seines Nicht-Kopfes bewusst. Das ist das Eine, das viele wird.

Mark: Ich glaube, was ich sagen will, ist, dass etwas mit dem Spiel im Augenblick des Sehens passiert.

Richard: So ist es.

Margaret: Es hört auf, das Spiel zu sein. Das ist eine wunderbare Sache.

Richard: Es ist ein anderes Spiel. Du hörst nicht auf, das Spiel zu spielen, aber es ist ein anderes Spiel. Bis zu dem Punkt, bevor du siehst, wer du bist, siehst du Menschen nur als Dinge. Sehr schöne Dinge, aber sie sind Objekte. Wenn du siehst, wer du wirklich bist, siehst du auch, wer die anderen wirklich sind—obwohl der einzige Raum, den du siehst, der ist, wo du bist, geht er direkt um die andere Seite der anderen herum und durch sie hindurch, oder?

Margaret: Ja.

Richard: Du kannst nicht erfassen, wer du wirklich bist. Daher siehst du jetzt, dass die andere Person beides ist, ein Ding und auch nicht.

Mark: Nicht?

Richard: Es gibt nur einen Raum, der überall ist und die anderen mit einschließt. Der Raum gehört genauso zu der anderen Person, wie er zu dir gehört. Es ist das Eine, das mit sich selbst spricht.

Mark: Richtig.

Richard: Beides sein, zwei und eins. Was für eine wunderbare Sache.

Eric: Ich bin immer noch in dem Stadium, wo ich manchmal zurück ins Spiel einsteigen möchte.

Richard: Ja. Du machst nichts falsch. Du kannst es gar nicht falsch machen. Dieser Drang, ins Spiel einzusteigen, hat in erster Linie dazu geführt, das Spiel überhaupt zu beginnen. Ich glaube, du musst das weiterhin machen. Es ist nichts falsch daran, weil du das Bedürfnis haben kannst, zurück ins Spiel einzusteigen, während du den Raum siehst. Das ist also auch okay. Und es ist sehr gut, manchmal zu vergessen, wer du bist, weil du dann eine wunderbare Überraschung hast, wenn du dich wieder daran erinnerst.

Kapitel 20
Gegenseitige Kommunikation

Dieses Experiment beinhaltet, dass du die Wahrheit dessen, der du bist, offen darlegst. Man sagt: Wenn du lernen willst, lehre. Oder du könntest sagen: Wenn du lernen willst, kommuniziere. Wenn du lernen willst, geh' in die Öffentlichkeit! Du wirst viel lernen, wenn du in die Öffentlichkeit gehst!

Wenn du einer anderen Person etwas mitteilst, das für dich wahr ist, ist es, nachdem du es mitgeteilt hast, nicht wahrer als es voher war, aber auf gewisse Art ist es wirklicher geworden. Es ist jetzt da draußen in der Öffentlichkeit. Andere Leute wissen jetzt davon. Wenn andere es hören und zu dir zurück spiegeln, ändert sich etwas. Das ist nicht nur wahr, wenn wir über uns persönlich reden, es ist auch der Fall, wenn wir die Wirklichkeit dessen ausdrücken, der wir wirklich sind. In diesem Experiment werde ich euch dazu einladen, öffentlich darüber zu sprechen, wer ihr wirklich seid—in dieser Gruppe—mit anderen über eure Erfahrung eures wahren Selbst zu kommunizieren. Ich rede nicht über irgendetwas Kompliziertes, sondern einfach darüber, Kopflos-sein zu beschreiben.

Wenn wir normalerweise mit jemandem kommunizieren, reden wir nicht nur über uns selbst, sondern auch über die andere Person. Wenn ich mit Chris hier im Gespräch bin, erzähle ich Chris von mir selbst und Chris wird mir von sich erzählen. Aber ich werde auch meinen Eindruck von ihm auf die eine oder andere Art zurückspiegeln und er wird dasselbe mit mir machen. Auf diese Weise kommen wir dazu, uns selbst durch die Augen des anderen zu sehen. Wir denken also nicht nur über uns selbst nach, sondern denken und fühlen auch für die andere Person. Wir sehen uns an ihrer Stelle. Es ist ein zweiseitiger Austausch. In diesem Experiment werden wir Kommunikation auf diese Art und Weise erforschen, mit unserer wahren Identität im Fokus.

Anleitung

Ich werde mit Chris zusammen zeigen, wie ihr es macht. Da es bei dieser Übung zwei Seiten gibt, wird einer von euch A und der andere B sein. Ich bin A und Chris, du bist B. Da ich A bin, fange ich an. Zuerst werde ich Chris meine wahre Natur beschreiben. Dann werde ich mich an Stelle von B sehen—also an Stelle von Chris—und seine Erfahrung beschreiben. Dann ist B dran. Ihr werdet sehen, was ich meine.

Ich spreche zuerst von meinem Standpunkt aus—Chris, ich bin offen gemacht für dich. Ich habe dein Gesicht an Stelle meines eigenen. Ich sehe dein Gesicht da in meinem Raum hier. Ich bin Raum für dich. Ich schaue aus einem einzigen Auge hier heraus. Ich bin weit offen und in dieser Offenheit finde ich alle meine Empfindungen, Gedanken und dich. Seht ihr, was ich mache? Ich erzähle einer anderen Person, wer ich bin. Ich sage es direkt zu Chris, direkt zu der Person hier, nicht abstrakt in die Luft zu niemandem bestimmten. Chris, ich habe deine Gesicht genau hier, wo ich bin. Ich bin leer für dich.

Jetzt werde ich an Chris' Stelle beschreiben, wie es von seinem Standpunkt aus ist. Chris, du siehst nicht das Gesicht von Chris dort—du bist offen gemacht für Richard, für mich. Du bist dort leer, wo du bist. (Ich kann Gesten benutzen, meine Hände benutzen, um Chris' Aufmerksamkeit zu seinem Raum dort zu lenken.) Du bist weit offen dort, dein Auge ist das einzige, du enthältst alles. All deine Erfahrung schwebt in diesem Nichts dort. Du bist jetzt Raum für mich. Du bist vollkommen still dort.

Jetzt bist du an der Reihe, Chris. Zuerst beschreibst du deine Seite.

Chris: Richard, ich bin offen gemacht für dich. Ich bin Raum für dein Gesicht. Ich bin vollkommen weit offen, wie ein Spiegel.

Richard: Fantastisch. Jetzt stell dir vor, du bist an meiner Stelle.

Chris: Richard, du bist offen gemacht für mich. Du bist Raum, du bist Nichts, voll von Chris.

Richard: Danke. Perfekt. Okay, legt fest, wer A und wer B ist. Die Idee ist, euch gegenseitig zu helfen, euch bewusst zu sein, wer ihr beide wirklich seid. Wenn du dich an Stelle der anderen Person siehst, beschreibe einfach ihre Sicht.

Das Gefühl, von anderen als der gesehen zu werden, der du bist

Wenn jemand dir beschreibt, wie es ist, derjenige zu sein, der du wirklich bist, achte darauf, wie es sich anfühlt, diese Rückmeldung zu empfangen. Ich werde dieses Experiment nun mit John machen. Ich werde in deine Haut schlüpfen, John und mir vorstellen, wie es wäre, jetzt du zu sein. Ich möchte, dass du überprüfst, ob du dich als der gesehen fühlst, der du wirklich bist oder nicht. In Ordnung?

Ich gehe also jetzt in deine Position. Du bist kopflos dort, du bist weit offen, du hast keine Begrenzung, du bist riesig dort, du bestehst für immer, da ist nur eine Sichtweise dort. Im Moment wird dein Blickwinkel nicht nur von Richard gefüllt, sondern auch mit all deinen Empfindungen und mit all den Geräuschen, die in diesem Raum sind.

Fühlst du dich als der wahrgenommern, der du wirklich bist?

John: Es ist erstaunlich. Es ist fantastisch. Ich muss dir sagen, es ist absolut wunderbar. Wirklich, das ist tiefsinnig. Du hast mich gerade geöffnet. Es war großartig. Du hast meine wahre Natur beschrieben und diese wahre Natur als mein Potential gesehen. Du hast es gerade für mich ausgebreitet. Du hast mir die Wahrheit gesagt. Und du hast sie als Tatsache präsentiert, was es sehr schwer macht, nein dazu zu sagen. Das ist wirklich wunderschön. Danke sehr.

Die Empathie noch einen Schritt weiter gehen

Peter: Ich verstehe das, die Kraft, es nach außen zu geben. Aber wenn ich draußen auf der Straße mit dir bin, einen Tee trinke oder so und dich kaum kenne, warum sollte ich dir sagen, dass du kopflos bist?

Richard: Du erzählst den Leuten bereits, wer sie auf menschlicher Ebene sind. Wenn wir uns auf der Straße treffen würden, würdest du nicht nur über dich reden, sondern auch in meine Haut schlüpfen, zumindest bis zu einem gewissen Grad und du würdest bis zu einem gewissen Grad für mich denken und fühlen. Sogar wenn du mir sagst, dass ich gut aussehe oder dass ich müde aussehe, stellst du dich auf gewisse Weise auf meinen Standpunkt und fühlst für mich. Wir machen das also sowieso schon. Wir bewegen uns bereits zwischen unserer eigenen Sichtweise und der des anderen vor und zurück. Wenn du mit anderen mitfühlst, siehst du die Dinge von ihrem Blickwinkel aus. Normalerweise fühlen wir miteinander auf menschlicher Ebene mit und wenn jemand genau mit dir mitfühlt, fühlst du dich gesehen und verstanden und hoffentlich gewürdigt. Es ist eine gute Sache, das zu tun. Es beeinflusst die Art und Weise, wie du dich fühlst. Die meisten von uns sind ziemlich gut darin. In dieser Übung gehen wir mit dem Mitgefühl einen Schritt weiter. Mit anderen Worten, ich fühle nicht nur mit, wie es ist, du zu sein im Sinne von dem, was du denkst und fühlst und so weiter, ich fühle auch mit dir mit im Bezug darauf, dass du Raum bist für die Welt. Du bist Aufnahmevermögen für die Welt und das beinhaltet, dass du Aufnahmevermögen dafür bist, was du denkst und fühlst. Normalerweise reden wir nicht über diese Seite einer anderen Person. Wenn wir es tun, spiegeln wir wider, wer sie wirklich ist.

Peter: Aber die andere Person will vielleicht gar nicht zuhören.

Richard: Ja, aber wir sind in einer Gruppe, in der die Leute zuhören wollen.

Dale: Ich habe das so verstanden, dass du gedacht hast, es geht darum, zu einem Fremden hinzugehen und darüber zu reden.

Richard: Nein, das würde ich nicht empfehlen.

Dale: Gut, dass du das klar stellst.

Richard: Das schlage ich nicht vor. Die andere Person muss natürlich interessiert sein. Es bringt nichts, das anderen aufzuzwingen. Aber nehmen wir an, ich wäre die andere Person und du weißt, dass ich interessiert bin. Du hast von deiner Erfahrung, kopflos zu sein, erzählt. Sobald du mir erzählt hast, wer du wirklich bist, bist du frei zu sagen: „Übrigens, du bist genauso wie ich. Du bist auch offen gemacht für die Welt." Mit anderen Worten, du hörst nicht an dem Punkt auf, mir nur zu erzählen, wer du wirklich bist, du machst weiter, indem du mir zeigst, dass ich ebenfalls dieser Raum bin. In diesem Raum hier sind wir unter Freunden, also ist es okay, das zu tun. Jeder hier hat schon die Erfahrung gemacht, wer wir wirklich sind. Also kann ich zu dir sagen: „Du bist auch offen gemacht. Du bist auch Raum für andere." Das jemandem zu sagen, ist eine tiefe und wunderbare Sache. Warum bei ihrem Mensch-sein Halt machen? Warum nur Ansichten darüber austauschen, wer wir als Menschen sind, wenn du auch etwas darüber weißt, wer du wirklich bist? Dies ist eine Einladung, genau so darüber zu sprechen, wer wir wirklich sind, wie wir über unser Mensch-sein sprechen. Natürlich sage ich nicht, dass ihr das machen müsst. Fühlt euch hinein, was für euch stimmig ist. Wenn ihr mich anschaut—ihr könnt das mit mir jetzt machen—seid ihr kopflos und Raum für Richard. Ist das wahr?

Peter: Ja. Aber die Idee, dass diese unbegrenzte Szene, die direkt vor mir ist, ich bin—das ist der Teil, mit dem ich versuche klarzukommen.

Richard: Ich glaube nicht, dass wir das jemals verstehen werden, aber wir können darin baden.

Peter: Okay, das gefällt mir. Und du bist kopflos, genau wie ich. Du hast mich als Teil deines Raumes. Und ich bin in deinem Kopf! In deinem Nicht-Kopf!

Richard: Ich bin in dir und du bist in mir. Ich bin du und du bist ich.

Roger: Ich bin mir hundert Prozent sicher, wenn es um meine eigene Erfahrung geht, aber wenn ich sage, dass du genauso bist, dass du dort kopflos bist… Ich erlebe das direkt hier, wo ich bin, aber ich erlebe es nicht direkt da drüben, wo du bist. Ich nehme an, dass du Raum bist. Vielleicht könnte ich sagen, dass ich zu 99 Prozent sicher bin, dass du der Raum bist, wie du zuvor gesagt hast.

Richard: Ich bin für dich kopflos und ich bin zu 99 Prozent sicher, dass du für mich kopflos bist—ich verstehe das. Aber jetzt denke mal darüber nach im Hinblick auf das Zuhören—während ich dich anschaue, höre ich mich selbst sprechen. Ich kann meinen Mund hier nicht sehen, daher kommt meine Stimme für mich nicht aus meinem Mund hier, sondern aus dem Nichts. Meine

Worte erscheinen in der Stille hier. Wenn du redest, erscheint deine Stimme ebenfalls in der gleichen Stille. Es ist wie dort drüben und es ist Rogers Stimme und Richards Stimme ist hier drüben und ist Richards, aber beide Stimmen ereignen sich in diesem einen Bewusstsein. Ich bin dieses eine Bewusstsein, also spreche ich mit zwei Stimmen. Ich bin absolut sicher, dass unsere beiden Stimmen in einem Bewusstsein sind. Ist das wahr für dich?

Roger: Ja. Ich erlebe es hier.

Richard: Ja, es ist alles hier in dem einen Bewusstsein, oder?

Roger: Ja.

Richard: Möchte jemand anders es ausprobieren? „Ich bin kopflos. Ich bin Raum für dich. Du bist kopflos, du bist Raum für mich." Ihr könnt mit diesem Thema improvisieren.

George: Ich bin offener Raum für dich, für dein Gesicht, für deine Erscheinung. Und du bist offene Aufmerksamkeit, offener Raum für meine Erscheinung.

Namaste

Richard: Dies ist eine tiefgehende Art und Weise, andere wertzuschätzen. Du schätzt sie nicht nur als Dinge—ich schätze dich nun auch als Raum für alle anderen. Das bringt diese Wirklichkeit in den Vordergrund. Jeder hier ist Raum für alle anderen. Das bedeutet zu erkennen, wer wir wirklich sind. Das heißt erkennen, dass ich du bin und du ich bist. Wenn sich indische Menschen mit der „Namaste"-Geste begrüßen, indem sie die Handflächen aneinanderlegen, wenn sie jemanden treffen, bedeutet das „Ich ehre das Eine in dir. Das Eine in dir ist dasselbe Eine wie das Eine hier in mir. Wir beide sind Eins." Das ist, was wir hier gerade machen—ich erkenne und ehre die Tatsache, dass, was ich hier bin, Raum für dich ist und was du dort bist, ist Raum für mich. Derjenige, der Raum für andere ist, ist das Eine. Das anzuerkennen heißt, dich selbst und andere wirklich zu respektieren. Ich kann mir nicht vorstellen wie du anderen mehr Respekt und Anerkennung entgegen bringen könntest, als dadurch, dass du erkennst, wer sie wirklich sind. Das ist die Wahrheit über uns. Die Gesellschaft ist noch nicht zu dieser Wahrheit erwacht. Das ist kein Träumen, kein Wunschdenken, man tritt keinem Klub bei, in dem man daran glaubt, das Eine zu sein—egal, auf welche Art und Weise du es ausprobierst, du bist das Eine und jeder ist das Eine. Ob es dir gefällt oder nicht, es ist wahr. Und es ist eine fantastische Wahrheit. Es ist die beste Neuigkeit auf der Welt. Man muss es dir nicht bestätigen, du siehst es selbst. Sehen, wer du wirklich bist, ist heilend. Es heilt dich selbst, aber du kannst deine eigene Heilung nicht von denjenigen, mit denen du zusammen bist, trennen. Wenn du dir deines wahren Selbst bewusst bist, bist du dir dessen bewusst für andere und als andere, weil du nicht sehen kannst, wer du wirklich bist, ohne andere mit einzuschließen. Alle anderen sind in dir. Sehen ist nicht Sehen als Person sondern als das Eine—das Eine, das alle sind. Du siehst als und für alle. Wenn du siehst, wer du wirklich bist, bist du das Eine, das in allen Wesen ist und wachst zu dir selbst auf.

Wie ein Ehegelöbnis

Bei einer Konferenz in Kalifornien letztes Jahr habe ich einen Workshop geleitet. Wir haben dieses Experiment gemacht, während wir im Kreis saßen, anstatt uns in Paare aufzuteilen. Eine Person suchte sich jemand anders im Kreis aus und machte die Übung mit demjenigen—„Ich bin Raum für dich und du bist Raum für mich" und so weiter. Am Ende des Workshops kam ein Mann zu mir, um mit mir zu sprechen. Er war ein buddhistischer Seelsorger. Er erzählte mir, dass es ihn wirklich bewegt hatte, die Leute so miteinander sprechen zu sehen—wenn man das im Kreis macht, bedeutet es, dass jeder die zwei Leute beobachtet, wenn sie miteinander reden. Das heißt, jeder ist mit einbezogen, sieht, was geschieht—sieht, wie zwei Menschen miteinander darüber kommunizieren, wer sie wirklich sind. Der Seelsorger sagte, dass er das Gefühl hatte, dass sich die Leute, wenn sie das taten, gegenseitig segneten. Ich verstand, was er meinte—es fühlt sich an wie ein Segen. Wenn ich zu dir sage: „Du bist jetzt weit offen, du bist Raum für mich und alles", ist das der größte Segen. Wenn jemand zu dir über deine Offenheit spricht, darauf zeigt, sie feiert, fühlst du dich dann nicht zutiefst gesehen als der, der du wirklich bist? „Du bist durchscheinend dort! Du bist weit offen da!" Es ist wunderschön, auf diese Art und Weise gesehen zu werden, oder? Du wirst gesegnet.

Er sagte auch: „Als Seelsorger verheirate ich Paare, und Menschen zuzuhören, wie sie so miteinander sprechen, war, als ob ich ihnen zuhöre, wenn sie ihr Ehegelöbnis zueinander sprechen!" Ich konnte sehen, was er meinte. Das ist die tiefstgreifende Erklärung, die du einer anderen Person gegenüber machen kannst.—„Ich bin du und du bist ich." Es ist wie ein Treueschwur, weil du in der Öffentlichkeit deine tief gehende Verbindung zu jemandem erklärst—deine Einheit mit jemandem.

Ich habe diesen Vorgang etwas früher in diesem Jahr mit einer Gruppe in Dublin gemacht. Es war eine Gruppe in einem Übungsprogramm für Laien in einem katholischen College. Die Gruppe traf sich regelmäßig, so dass sie sich gut kannten. Ich war eingeladen, an einem Vormittag teilzunehmen, um die Experimente mit ihnen zu teilen. Ich erzählte ihnen die Geschichte mit dem buddhistischen Seelsorger und was er darüber gesagt hatte, dass dieser Austausch so sei, als gebe man ein Eheversprechen. Dann fingen wir mit dem Experiment an. Zwei sagten, dass sie anfangen würden— George und Linda. George sagte, er würde beginnen—Linda saß ihm gegenüber im Kreis. George schaute also zu Linda hinüber (sie waren Freunde) und sagte: „Linda, ich bin Raum für dich, ich bin vollkommen offen für dich. Ich bin jetzt du. Und du bist ich, du bist Raum für mich." Und Linda antwortete, „Ja, ich will!" Sie hatte sich an die Ehegelöbnis-Idee erinnert. Es war sehr lustig.

Nicht-sprachliche Kommunikation

Das Weitergeben deines Bewusstseins-Zustandes ist weitestgehend nicht-sprachlich, egal ob du auf der Stufe des Säuglings, des Kindes, des Erwachsenen oder des Sehenden bist, daher kann es effektiv sein, nicht-sprachliche Gesten in das Teilen des Sehens miteinzubringen.

Ich bewege meine Hände so [in meine Leere hinein und hinaus] und ihr wisst, worauf ich mich beziehe—jetzt, wo ihr selbst einige der Experimente gemacht habt. Jetzt schaut her—ich bewege meine Hände vor meinem Gesicht auseinander, als ob ich Vorhänge öffnen würde. Schließlich verschwinden meine Hände in dem Raum hier, von meinem Blickwinkel aus. Versucht das. Funktioniert das für euch? Es ist öffnend und reinigend, oder?

Brendon: Bei mir funktioniert es nicht.

Richard: Ich mache es mit dir zusammmen. Schau nach vorne, nicht direkt auf mich. Ich werde meine Hände vor deinem Gesicht auseinander bewegen, als ob ich Vorhänge vor dir öffnen würde und dann werde ich sie in deine Leere bewegen, so dass sich deine Aufmerksamkeit auf den offenen Raum, in dem du bist, richtet.

Brendon: Oh, ja!

Richard: In dem Workshop in Kalifornien, wo wir uns gegenseitig auf diese Art und Weise ehrten, die Wirklichkeit dessen, der wir wirklich sind mitteilten, sagte eine Frau, sie wolle dieses Experiment machen, aber nicht-sprachlich. Sie sagte, sie sei eine sehr verbal-orientierte Person, dass sie Worte sehr viel benutze und sie wollte sehen, ob sie ihre wahre Natur jemandem mitteilen und die wahre Natur dieser Person ohne Worte zurückspiegeln könnte. Sie schaute jemand im Kreis gegenüber an und machte Gesten, um zu zeigen, dass sie kopflos sei, dass sie Aufnahmevermögen für diese andere Person sei und machte dann Gesten, um zu zeigen, dass die andere Person Raum für sie sei. Dann machte die andere Person das gleiche zurück zu ihr hin, nicht sprachlich. Es war sehr effektiv und bewegend. Wir wussten alle ganz genau, worum es in dieser Kommunikation ging.

Nicht-visuelle Sinne

Wir können die anderen Sinne in dieser Art zu kommunizieren mit einschließen. Ich werde es euch mit Steve zusammen zeigen. Steve, ich bin weit-offener Raum für dich. Ich sehe nicht nur, dass es hier leer für dich ist und ich dein Gesicht an Stelle von meinem eigenen habe, auch meine körperlichen Empfindungen schweben in diesem Raum herum, sie sind frei, verschmelzen mit den Wänden des Raumes. Jetzt bin ich an deiner Stelle. Dort, Steve, siehst du dein Gesicht nicht. Du bist weit offen, grenzenlos und du bist voll von Richard und allem anderen, was gerade geschieht. Aber auch deine körperlichen Empfindungen sind frei, sie schweben in dem Raum dort. Möchtest du es mit mir versuchen? Zuerst deine, dann meine Seite.

Steve: Steve: Ich nehme wahr, dass ich kopflos bin. Richard ist in meinem Raum hier. Ich bemerke auch alles andere, was im Raum geschieht—meine Empfindungen, meine Gefühle, was ich höre und alles findet in dem gleichen Bewusstsein wie dein Kopf statt. Und von deinem Standpunkt her gesehen, bist du kopfos. Du bist Aufnahmevermögen für mich, für Empfindungen und Geräusche.

Richard: Danke. Wenn ich das mit dir mache, wenn ich sage, dass ich mich selbst an deine Stelle setze, Steve und du dort weit offen bist, aus dem einzigen Auge schaust und der Raum dort voll von Gedanken und Gefühlen und Empfindungen ist und Gedanken und Dingen, die in dem Raum geschehen, fühlst du dich dann nicht gesehen als der, der du wirklich bist?

Steve: Ja.

Margaret: Das ist wunderbar, dass das in diesem Raum geschieht. Du hast uns da hin gebracht, diese Dinge zu erkennen und zu teilen. All die Geräusche kommen aus dem einen Raum, viele Stimmen, aber ein Bewusstsein. Es ist alles da—jeder nimmt seine Empfindungen in diesem einen Raum wahr.

Richard: Es ist wahr, oder? Wir sind offen füreinander gemacht, für die Welt, für die Sterne.

Für jeden sprechen

In einem anderen Workshop war ein Typ, der ungefähr eine Stunde zu spät kam. Wir hatten ihn trotzdem in ungefähr fünf Minuten so weit, dass er sehen konnte, wer er wirklich ist. Dann gegen Ende des Workshops machten wir dieses Experiment—such' dir jemand aus und kommuniziere mit ihm darüber, kopflos zu sein. Er sagte: „Ich würde es gerne versuchen." Ich sagte: „Großartig!" Dann sagte er: „Ich möchte diese Übung nicht nur mit einer Person machen, ich möchte sie mit euch allen machen." Mein erster Gedanke war: „Oh, das ist aber nicht, wie man das machen sollte! Man sollte es nur mit einer Person machen." Dann dachte ich: „Entspann' dich und schau mal, was passiert." Zuerst sagte er zu der ganzen Gruppe: „Ich bin für euch alle kopflos, ihr seid alle in mir." Dann sagte er: „Und ihr seid alle kopflos für mich." Er sprach für jeden. Dann antwortete jeder in der Gruppe—„Wir sind kopflos für dich und du bist kopflos für uns." Es war inspirierend. Ich sprach über die Tatsache, dass du, wenn du herausfindest, wer du wirklich bist, auch herausfindest, wer alle anderen wirklich sind. Dann kannst du für jeden sprechen. „Wir sind alle Raum für einander." Das ist eine grundlegend andere Art und Weise, sich aufeinander zu beziehen, oder? Das bedeutet, uns nicht länger als getrennt voneinander zu betrachten. Dein getrenntes Selbst ist wirklich. Ich respektiere diese Wirklichkeit. Ich weiß, dass wir getrennt sind, in dem Sinne, dass ich weiß, dass du nicht meine Gedanken und Gefühle erlebst. All das ist wahr. Aber dies ist ebenfalls wahr—„Ich bin Raum für dich und du bist Raum für mich. Ich bin in dir und du bist in mir." Werde ich diesen Aspekt unserer Beziehung ignorieren? Werde ich die Tatsache ignorieren, dass du in mir bist und ich in dir? Hoffentlich nicht!

Kein Höhenflug

Steve: Ich war beeinflusst und fand es umwerfend, was du mit John vor einer Weile gemacht hast, weil Johns Reaktion war: "Wow! Das ist wirklich unglaublich, etwas Erstaunliches ist gerade passiert." Ich wartete darauf, dass etwas Erstaunliches mit mir passiert. Aber ich glaube, jedem zuzuhören hat mir geholfen, das zu lösen.

Richard: Was im Gespräch seither hat es für dich gelöst?

Steve: Über die unterschiedlichen Erfahrungen der anderen Leute zu hören, die Verschiedenheit der Rückmeldungen, hat mir geholfen, mich bekräftigt zu fühlen, dass ich nicht irgendetwas erreichen muss, dass es nur darum geht, anzuerkennen, dass das die Art und Weise ist, wie es ist. Ich habe kein Problem das anzuerkennen, aber ich wartete darauf, erleuchtet zu sein!

Richard: Es klingt so, als würdest du jetzt zwischen der einfachen Erfahrung dessen, der du wirklich bist und den unterschiedlichen Reaktionen der einzelnen Leute darauf unterscheiden. Toll. Es ist für uns alle ein Lernprozess. Wir neigen dazu zu denken—„Die Person da hat's und ich nicht." Nein! Sie haben nur ihre Erfahrung, die unterschiedlich von deiner eigenen ist. Ihre Erfahrung wird sich ändern. John, deine Erfahrung, deine Reaktion hat sich jetzt geändert, oder? Genau jetzt sind doch deine Gefühle anders als sie waren, während wir diese Interaktion machten?

John: Ja, sie haben sich geändert. Ein bisschen.

Dale: Deshalb machen wir einen Unterschied in unserer Zen-Tradition zwischen dem, was die Nebenprodukte sind—die Nebenprodukte können berauschend oder beängstigend sein. Sie gehen in viele Richtungen. Ich mag den Begriff „bedingungslose Gegenwärtigkeit"—er hebt mehr die neutrale Seite hervor. Diese Erfahrungen, ob sie Hochstimmung oder Furcht sind, tauchen immer in dem selben leeren Raum auf, der sie gleichwertig sieht. Es gibt die Unteilbarkeit und Gleichwertigkeit von allem, die Fassung, den Frieden, die Gelassenheit genau da als natürliche Wirklichkeit. Es kann dem ganzen Ausdruck erlauben in jede Richtung zu gehen, sich auszudehnen oder sich zusammenzuziehen. Wenn Menschen einen Höhenflug erleben, passiert das ganz plötzlich, aber dann wachen sie bestimmt morgen auf und haben das Gefühl verloren. Das hier kannst du nicht verlieren.

John: Ja und ich bin jetzt begeistert, aber ich weiß nicht, wie ich anders sein könnte.

Richard: Es ist in Ordnung, sich begeistert zu fühlen.

Dale: Wir machen gerade einen Unterschied zwischen dem, was kommt und geht, den Empfindungen und der tatsächlichen Wirklichkeit.

Richard: Die Erfahrung ist nicht-sprachlich, daher gibt es viele verschiedene Arten, darüber zu denken und darauf zu reagieren. Wenn du mit dieser neutralen, nicht-sprachlichen Erfahrung weitermachst, werden sich verschiedene Arten, sie zu verstehen, entfalten. Es wird nicht alles heute kommen. Und was heute kommt, wird wieder gehen. Aber was bleibt, ist die neutrale Erfahrung. Es ist, wie wenn du mit einem Ballon hochsteigst und dann auf den Boden kommst. Der Boden ist immer da, aber deine Erkenntnisse und Gefühle ändern sich immer. Vorher hast du vielleicht gedacht: „Oh, toll, ich bin ganz oben bei der Ballonfahrt und auf der Höhe zu sein, ist die Wirklichkeit." Aber dann kommst du runter, so dass du denkst, du erlebst die Wirklichkeit nicht länger. Aber nein, die Wirklichkeit ist der Boden, der immer da ist, unterhalb deiner Gefühle, die immer hoch und runter gehen. Du machst weiter damit, diese Wellen von Verstehen und Gefühl und Offenheit zu haben, aber jetzt bist du dir der neutralen Erfahrung, die diesen sich verändernden Geisteszuständen zugrunde liegt, bewusst— dieser neutralen Wirklichkeit, zu der du jederzeit Zugang hast, nach Belieben. Wenn Wirklichkeit nur wäre, bei der Ballonfahrt in der Höhe zu sein, dann hättest du keinen beliebigen Zugang dazu, aber weil es der Boden unterhalb von allem ist, der Grund des Seins, dieses einfache Nichts, das immer verfügbar ist, egal was du fühlst—du kannst deinen Kopf nicht sehen—kannst du es nach Belieben erreichen. Es ist neutral, frei, dasselbe für alle.

Andrew: Du kannst nicht Raum für ihren Raum sein—es gibt nur einen Raum.

Richard: Eine gute Art es darzustellen.

Andrew: Ich frage mich gerade…

Richard: Ich werde es dir nicht sagen, weil du mich nicht brauchst, um es dir zu sagen. Ich meine nur, dass es interessant für mich ist zu hören, wie du es auf diese Art beschrieben hast. Es eröffnet eine andere Denkweise über die Dinge.

Kapitel 21

Eine Schöpfungsgeschichte

Unsere Entwicklung über die vier Stufen des Säuglings, des Kindes, des Erwachsenen und des Sehenden kann als eine Art von Schöpfungsmythos erzählt werden, eine Geschichte. Hier ist meine Version dieser Geschichte—

Am Anfang war das Eine. Das Eine bist du—du erlebst nur ein einziges Auge, welches deines ist. Nur eine Sichtweise, nur ein Feld der Empfindungen, nur ein Feld des Denkens. Du bist das Eine—diese Geschichte ist über dich.

Am Anfang war das Eine.

Vor dem Anfang gab es nichts. Das kannst du dir nicht vorstellen, denn wenn du dir nichts vorstellst, dann bist du da, während du es dir vorstellst, also ist da nicht länger nichts. Aber dies ist eine Geschichte und in einer Geschichte kannst du dir das Unmögliche vorstellen. Vor dem Anfang war also nichts—eine endlose dunkle Nacht des Nicht-Seins.

Bang! Du geschiehst!

Dann, Bang! Du geschiehst, Gott geschieht. Stell dir Gott auf irgendeine Weise vor. Ich stelle mir einen alten Mann mit Bart vor (ich weiß, ich bin nicht sehr originell!), aber bitte mach dir dein eigenes Bild. Es ist eine Geschichte. Also, einen Augenblick gibt es nichts und im nächsten Moment gibt es Gott, der auf wundersame Weise aus dem Nichts erscheint—aus weniger als nichts.

Du kannst dir vorstellen, dass Gott sich absolut überrumpelt fühlt. "Wo komme ich her? Ich bin gerade aus dem Nichts erschienen, von nirgendwo her. Wie habe ich das gemacht? Ich habe das Sein erreicht! Das ist unmöglich! Pure Zauberei!"

Du bist das Eine. Dies ist eine Geschichte über dich. Dies ist dein Erstaunen über deine Existenz, deine Selbst-Erschaffung. "Das ist erstaunlich. Ich kann mich selbst nicht erklären. Ich bin! Wie erstaunlich zu sein. Ich weiß nicht, wie es dazu kam, dass ich bin, aber so ist es. Ich habe mich gerade selbst empfangen. Das hat noch niemand anders geschafft. Ich allein habe das Sein erreicht!"

Du bist geschockt. Du kommst nicht über die erstaunliche Tatsache hinweg, dass du passiert bist—ohne Hilfe, ohne Planung, ohne irgendetwas!

Du kneifst dich selbst, um sicher zu sein, dass du nicht träumst...

Deine Existenz ist eine Überraschung und ein Geheimnis für dich.

Du sagst zu dir selbst: "Das war schlau! Tatsächlich war das toll! Pure Genialität! Ich habe mich gerade selbst aus dem Nichts erfunden!"

Dein nächster Gedanke ist: "Das ist so gut, das würde ich gerne mit jemandem teilen."

Wenn dir etwas Gutes passiert, ist es natürlich, dass du es teilen willst. Sagen wir, du hast einen neuen Job oder gewinnst einen Preis—wenn du deine guten Neuigkeiten mitteilst, passiert etwas, weil die Person, mit der du es teilst, es dir in ihren eigenen Worten zurückspiegeln kann, so dass du es auf andere Art und Weise sehen kannst. Dein Verständnis wächst. Und andere können mit dir feiern, so dass deine Freude wächst.

Das Sein zu erreichen ist die überraschendste gute Neuigkeit, so dass es natürlich ist, dass du es teilen willst. "Das ist toll zu sein. Ich würde meine Begeisterung darüber zu sein liebend gerne mit jemandem teilen."

Aber natürlich ist da keiner, mit dem du es teilen kannst, weil du ja das einzige bist, das ist! Du bist der Alleinige, der unvergleichliche Eine, der "Eine ohne einen Zweiten". Du alleine hast das Sein erreicht.

Du fühlst dich enttäuscht, dass du deine Freude nicht teilen kannst. Du fühlst dich auch allein. (Es ist eine Geschichte!)

"Wie gut es wäre, einen Freund zu haben, mit dem ich mein Erstaunen, meine Begeisterung, meine Freude teilen könnte!"

Du bist auch gelangweilt. "Ich würde gerne ein Abenteuer erleben, auf Reisen gehen, aber ich kann nirgends hin—es gibt außerhalb von mir nichts, es gibt nichts außer dem hier. Wenn es andere

Orte gäbe, dann könnte ich weggehen, neue Dinge sehen, ein paar Risiken eingehen, den Nervenkitzel des Abenteuers. Mir gefällt die Sicherheit des Seins, aber ich möchte auch den Nervenkitzel des Abenteuers.

Nirgendwo hinzugehen und nichts zu tun—nur Sein, Sein, Sein. Es ist immer das Gleiche. Keine Veränderung, keine Zeit, keine Vergangenheit, zu der man zurückschauen kann, keine Zukunft auf die man sich freuen kann, keine "anderen" mit denen man auf Abenteuersuche an "anderen Orten" gehen könnte.

Stufe eins—Der Säugling

Dies ist eine Geschichte! Es ist eine Geschichte über dich—darüber, wer du wirklich bist. Der Beginn der Geschichte hängt mit dem Beginn deines Lebens zusammen. Als du ein Säugling warst, wusstest du noch nichts über "andere"—du hattest noch keine Idee entwickelt vom Geist der anderen. Du hattest auch noch keine Idee entwickelt von anderen Orten. Deine Welt war nur das, was körperlich im Blickfeld deines Auges geschah und nichts weiter. Auch hattest du die Idee von Zeit noch nicht entwickelt—die Vergangenheit und die Zukunft waren dir noch nicht erschienen. Es gab nur jetzt. Einfach gesagt, es gab nur Bewusstsein, nur hier und nur jetzt. Auf Stufe eins warst du das Eine, von dem ich in dieser Geschichte erzähle—das Eine ohne etwas anderes, ohne andere Orte, ohne andere Zeiten.

Auf dieser ersten Stufe kennst du als das Eine dich selbst nicht wirklich, weil es nichts anderes gibt, womit du dich vergleichen könntest. Als Säugling weißt du nicht nur nichts über dich selbst als Person oder über andere, du hast keine Ahnung von dem Einen. Du bist das Eine, ohne zu wissen, dass du das Eine bist. Ohne Sprache kannst du natürlich noch nicht einmal über irgendetwas Derartiges nachdenken.

In dieser Geschichte findest du eine Lösung für deinen Mangel an Freunden und Abenteuer und deine Unwissenheit darüber, wer du wirklich bist. Deine Reaktion darauf ist, dich selbst und andere zu erschaffen, Raum und Zeit—so dass du andere hast, mit denen du deine Freude teilen kannst und so dass da Orte sind, zu denen du reisen kannst und die Zeit, in der du solche Dinge tun kannst. Und die Möglichkeit wegzugehen, bedeutet, dass du dann wieder zurückkommen kannst und dich selbst auf eine neue Art und Weise kennst. Wie kannst du all das aus dem Nichts erschaffen? Es klingt unmöglich. Du hast keine Ahnung, wie du das machen sollst. Aber du erkennst, dass du als das Eine bereits eine unmögliche Sache vor dem Frühstück erreicht hast—Sein! Zwei unmögliche Dinge sind nicht unmöglicher als eins. Also erschaffst du Selbst, andere, Raum und Zeit.

Stufe zwei—Das Kind

Aber Selbst und Andere sind zunächst nicht wirklich. Sie sind wie ausgeschnittene Pappfiguren, nur "Bilder im Bewusstsein". Sie haben keine unabhängige Wirklichkeit. Weil sie nicht wirklich sind, befriedigen sie nicht dein Bedürfnis, dich zu beziehen—von einer wirklichen Person hier zu anderen wirklichen dort. Diese Stufe in der Geschichte entspricht der zweiten Stufe des Kleinkindes oder Kindes, wenn du anfängst zu lernen, dass du der da im Spigel bist, dass da andere sind, dass da eine Welt ist, getrennt von dir und dass es Zeit gibt, aber das alles hast du noch nicht wirklich als Wirklichkeit angenommen. Du willst ein wahres Selbst und andere, mit denen du auf Abenteuer gehen kannst, aber auf dieser Stufe—in der Geschichte!—sind Selbst und andere nicht wirklicher als die Figuren in einem Computerspiel. Wenn du deinen "Avatar" verlierst, deinen "Helden" in dem Spiel oder einen deiner Freunde, macht das keinen Unterschied, weil es nicht wirklich ist. Es ist, wie einen Film anzuschauen, bei dem du dir aber bewusst bist, dass du der Zuschauer bist, so dass du nicht wirklich miteinbezogen bist. Was im Film geschieht, fühlt sich für dich nicht wirklich an. In einem Computerspiel kannst du zum Beispiel aus Spaß vor einen Bus springen, weil du weißt, dass du nicht sterben kannst. Aber nach einer Weile, wo ist der Spaß daran? Erinnert ihr euch an das Spiel mit den Aufklebern, das wir gespielt haben? Wenn du es "nur als Spiel" behandelst, macht es dir nicht wirklich etwas aus, was geschieht. Es ist egal, ob du dich oder andere richtig oder falsch siehst, weil es "nur ein Spiel" ist. Aber wie einige von uns entdeckten, wenn wir uns mit dem Aufkleber identifizieren, ist das Spiel nicht nur ein Spiel. Wir sorgen uns darum, was passiert.

In dieser Geschichte erkennst du, dass du, damit andere und die Welt wirklich und überzeugend und zutiefst bewegend und wahr sind, vergessen musst, dass du Gott bist und eine der Figuren werden musst—in dem Film, in der Geschichte, im Leben. Zu vergessen, dass du Gott bist und dich mit deiner Erscheinung zu identifizieren, bedeutet, dass du dich selbst als Person ernst nimmst und daher auch andere ernst nimmst.

An diesem Punkt der Geschichte, bevor du völlig identifiziert bist mit dem da im Spiegel, hältst du inne. Du überlegst: "Gibt es eine Garantie, dass ich mich später im weiteren Ablauf daran erinnern werde, dass ich Gott bin?" Du erkennst, dass es keine Garantie gibt. Vielleicht wirst du dich niemals erinnern. Nervös über das, was passieren könnte, schreckst du davor zurück, eine Person zu werden. Das entspricht den Augenblicken in der Kindheit, wenn du dich wieder zum Baby-sein zurückentwickelst. Es ist sicherer, das Eine zu sein, das in der Blase der Einheit träumt, daher ziehst du dich von der "wirklichen Welt" zurück, von "wirklichen Anderen", von aller Verantwortung für dich "selbst".

Aber schon bald—in der Geschichte!—erkennst du als Gott, dass du nicht eingewickelt in deinem Kokon bleiben willst, in der vorhersehbaren Sicherheit und Einsamkeit des Einen. Du willst Abenteuer, du willst Gesellschaft. Du erkennst, dass der einzige Weg nach vorne ist, zu vergessen, dass du Gott bist und eine Person zu werden in der Welt der wirklichen Anderen, das Risiko einzugehen, dass du dich vielleicht niemals erinnern wirst, wer du wirklich bist.

Ich habe die genauen Details der Szene aus dem Film "Matrix" vergessen, aber ich glaube, Morpheus stellt den Helden Neo vor die Wahl—wenn er die blaue Pille nimmt, bleibt er in der Matrix, im Traum, aber wenn er die rote Pille nimmt, erwacht er zur

Wirklichkeit. Wenn du in der Matrix bist, weißt du nicht, dass du träumst, du denkst, dass es die Wirklichkeit ist. So etwas in der Art jedenfalls. In dieser Schöpfungsgeschichte ist das Person-werden der Augenblick, an dem du in den Traum gehst. Wenn du dich entschließt, eine Person zu werden und zu vergessen, dass du Gott bist, vergisst du, dass du gewählt hast. Du vergisst, dass es nicht "wirklich" ist.

Daher ist es eine beängstigende Entscheidung, die du treffen musst. Aber nachdem du eine Weile am Rand geschwebt bist, entscheidest du dich, dass es wert ist, das Risiko einzugehen, weil du dich nicht weiter allein und gelangweilt fühlen willst. (Es ist eine Geschichte!) Du denkst: "Ich werde das Risiko eingehen zu vergessen, dass ich Gott bin und eine Person in diesem unglaublichen Spiel werden, das ich erschaffen habe, dem Spiel des Lebens. Ich weiß, dass, wenn ich eine Person werde, dieses Spiel nicht mehr länger ein Spiel sein wird, weil es das einzige Spiel sein wird, die einzige Geschichte. Es wird wirklich sein. Aber ich werde das Risiko eingehen und ins Person-Sein hineinspringen."

Du springst.

Wir alle haben diese Entscheidung getroffen. Es ist keine bewusste Entscheidung, aber wir haben sie alle getroffen. Wir sind alle gesprungen. Wir wurden alle zu dem da im Spiegel.

Stufe drei—Der Erwachsene

Auf der dritten Stufe bist du Gott, ohne dir bewusst zu sein, dass du Gott bist. Du bist Gott, der vollkommen überzeugt ist davon, eine Person innerhalb der Gesellschaft zu sein. Du behandelst dich selbst nicht wie die Figur in einem Computerspiel, die du aus Spaß vor einen Bus werfen kannst. Du bist wirklich. Was dir und anderen passiert, hat Bedeutung. Du kannst nicht mehr länger ein Zug sein oder ein Vogel oder ein Monster, du bist jetzt eine Person. Auf dieser Stufe ist der Gedanke, irgendetwas anderes als nur eine Person zu sein, eine Täuschung und der Gedanke, Gott zu sein, ist nicht nur dumm und verrückt, sondern auch blasphemisch. Du bist ein menschliches Wesen, das geboren wurde und sterben wird. Das ist, wer du bist. Du bist dir nun deines wahren Selbst zutiefst unbewusst. Diese Stufe wird in den Märchen gespiegelt, in denen der Held oder die Heldin verzaubert ist. Als Erwachsene sind wir verhext, wie gebannt, in der gründlichen Täuschung, dass wir sind, wie wir aussehen. Gott schaut in den Spiegel und ist überzeugt, dass er der da ist, dass er in diesem Körper ist und andere getrennte Wesen sind, genau wie er. Du schaust in den Spiegel und du bist überzeugt, dass du diese Erscheinung bist. Du hast keine Ahnung, dass derjenige, der da schaut, Gott ist—dass du, während du schaust, Gott bist.

Während wir aufwuchsen, lernten wir, dass die Welt und die Zeit und die anderen schon immer da waren—wir waren uns ihrer nur noch nicht bewusst. Aber meine Erfahrung ist, dass sie zu Beginn meines Lebens nicht da waren. Über einen Zeitraum von Monaten und Jahren sind diese Dinge in meinem Bewusstsein aufgetaucht—die Vielen sind aus dem Einen entstanden, aus mir. Ich als das Eine blühte auf in viele. Ich als das Eine habe mich selbst und andere erschaffen, die Welt und die Zeit. Dann während des Erwachsenseins habe ich geleugnet, dass ich dies getan habe. Ich habe meine eigene Schöpfung enterbt. Ich habe mich selbst hinters Licht geführt!

Die meisten von uns denken, dass diese dritte Stufe das Ende der Geschichte ist. Die Gesellschaft sagt uns, dass es darum im Leben geht—beim Erwachsen-werden geht es darum, herauszufinden, wer du in der Gesellschaft bist, mehr oder weniger die Verantwortung dafür zu übernehmen, dass du der da bist (wenn es bequem ist!) und das beste aus den Karten zu machen, die man dir ausgeteilt hat. An irgendeinem Punkt denkst du vielleicht: "Ist das wirklich alles, worum es im Leben geht? Ich habe herausgefunden, wer ich als Person bin—ist es das? Ist das so gut, wie es geht?"

Aber es gibt eine vierte Stufe—welche vor uns auf der dritten Stufe versteckt ist. Die vierte Stufe heißt, wieder-erwachen zu dem, der wir wirklich sind. Wenn du Glück hast, hörst du von dieser vierten Stufe. Du stößt auf das Gerücht, dass es da mehr gibt, als man dir über dich erzählt hat, dass du nicht nur der da im Spiegel bist. In diesem Workshop probierst du aus, was an dem Gerücht dran ist. Von dem Standpunkt dessen aus, der du wirklich bist, bist du Gott, der sich entschließt, einen frischen Blick auf sich selbst zu werfen. Da du dir bewusst bist, dass dir vielleicht ein Fehler darüber unterlaufen ist, wer du bist, entschließt du dich, die Art und Weise, wie du dich selbst siehst, zu hinterfragen, die Art und Weise, wie dir die Gesellschaft sagt, dass du dich selbst sehen sollst.

Stufe vier—Der Sehende

Ich habe gesagt, du bist das Risiko eingegangen, dass du vielleicht niemals wieder-entdeckst, wer du wirklich bist. So schien es auch. Tatsächlich entdeckst du jetzt, dass du einige Hinweise über deine wahre Natur hast herumliegen lassen.

William: Brotkrumen.

Richard: Ja. Hier ist ein Hinweis, ein Hinweisschild, dass du herumliegen lassen hast—zeig' nochmal dahin, wo andere dein Gesicht sehen. Glücklicherweise hast du diese Gedächtnisstütze an Ort und Stelle gelassen, damit du heute dein wahres Selbst sehen konntest. Du warst nett zu dir selbst. Aber jetzt, wo du dir bewusst bist, das Eine zu sein, vergisst du da, dass du eine Person bist? Nein. Kehrst du dazu zurück, andere nur als "Bilder im Bewusstsein" zu behandeln? Nein. Du bist das Eine, trotzdem denkst und fühlst und handelst du gleichzeitig mit jeder Faser deines Seins so, als wärst du als Person wirklich und andere auch.

Jetzt hast du das, was du ursprünglich wolltest, denn am Anfang wolltest du richtige Freunde, mit denen du deine Aufregung und Freude über das Sein teilen und mit denen du auf Abenteuersuche gehen könntest. Da wären wir! Hier in diesem Workshop sind echte Andere, mit denen du den Tag damit verbringst, auf alle Arten zu untersuchen, wie es ist, das Eine zu sein, auf die du allein gar nicht kommen würdest. Wie toll das ist! Zu dem Einen erwachen, während alle anderen damit einverstanden sind, wäre eine sinnlose Übung, oder? Du hast diese unglaubliche Welt nicht aufgebaut, damit dann jeder das Gleiche sagt. Nein. Du wolltest eine so große Bandbreite an Reaktionen wie möglich. Da wären wir—jeder ist unterschiedlich, jeder drückt auf seine Weise aus, wie es ist, das Eine zu sein.

Ursprünglich—in der Geschichte—war dir langweilig, du wolltest auf Abenteuersuche gehen. Ein Abenteuer erleben heißt, dass du irgendwo hin gehen kannst. Obwohl du es im Augenblick nicht sehen kannst, akzeptierst du, dass auf der anderen Seite der Tür ein Raum ist. Und obwohl du den Hund da nur bellen hörst und ihn nicht siehst, akzeptierst du, dass das nicht nur ein Geräusch ist—es gibt da einen echten Hund. Wir nehmen die unabhängige Existenz der Welt und von anderen als gegeben hin, was bedeutet, dass es echte Orte gibt, zu denen wir mit echten Anderen hingehen können. Und wir akzeptieren die Wirklichkeit der Zeit, von der wir auf der ersten Stufe des Säuglings nichts wissen, so dass wir planen können, Dinge in der Zukunft zu tun und auf vergangene Erlebnisse zurückblicken können. Aber damit ein Abenteuer echt ist, muss es auch ein Element von Gefahr geben, von Risiko, von Ungewissheit und Nicht-Wissen—wenn du genau weißt, was passieren wird und es überhaupt kein Risiko gibt, ist es kein Abenteuer. Es ist etwas anderes—man nennt es "langweilig"! Aber das Leben ist nicht vollkommen vorhersehbar oder sicher. Als das Eine hast du diese überraschende Situation gemacht, die Risiko und Gefahr beinhaltet und voller Überraschungen ist. Sogar bei den einfachsten Sachen weißt du nicht genau, was als nächstes geschehen wird. Ich habe gerade meine Hand gehoben—hat einer gewusst, dass ich das tun würde? Ich nicht!

Diese Dinge sind es, die wir zu Beginn der Geschichte haben wollten. Wir wollten andere, die wirklich anders sind, die nicht unserer Kontrolle unterliegen. Wäre es nicht wunderbar, wenn jeder genau das tun würde, was ich will? Nein! Es wäre nur ungefähr fünf Minuten lang gut! Wäre es nicht wunderbar, wenn es überhaupt kein Risiko in meinem Leben gäbe? Nein. Nur fünf Minuten lang. Es gibt kein Abenteuer ohne Risiko.

Deshalb untersuchen wir heute diese vierte Stufe, die Stufe, das Eine zu sein und eine Person zu sein. Jetzt kann ich Eric anschauen und ein Gespräch mit ihm darüber führen, wer wir beide wirklich sind. Ich kann sagen: "Ich bin das Eine. Ich bin passiert, wie toll! Ist es nicht verblüffend, das Eine zu sein?"

Eric: Es ist ein Geheimnis.

Richard: Es ist ein Geheimnis, ja, ich weiß, was du meinst! Wenn dir etwas passiert ist und du es jemand anderem mitteilst, der eine ähnliche Erfahrung gemacht hat, weißt du, dass er das besser versteht als jemand, der diese Erfahrung nicht gemacht hat. Also wirklich, du als das Eine willst andere treffen, die auch das Eine sind—obwohl das unmöglich erscheint—weil sie wissen, wie es ist, das Eine zu sein. Sie wissen, wie es ist zu sein. Also, Laurie, ich bin das Eine und ich bin geschehen. ICH BIN! Weißt du, was ich meine? Weißt du, wie es ist, zu sein?

Laurie: Ja! Ich kenne die Randbereiche davon.

Richard: Ich kenne die Randbereiche davon! Was für eine großartige Art und Weise, es auszudrücken.

Ist es nicht ein wunderbarer Widerspruch, mit anderen darüber zu sprechen, das Eine zu sein? Das Eine ist Viele, daher kann es mit sich selbst darüber sprechen, das Eine und Viele zu sein. Das ist toll. Also, gut gemacht, das Eine zu sein! Das einzige Eine! Ich gratuliere euch dazu, das Sein erreicht zu haben!

Das Gefühl der Getrenntheit, von Selbst und anderen ist kein Fehler, den wir loswerden sollten, wenn wir sehen, wer wir wirklich sind. Es ist das, was wir die ganze Zeit wollten. Wir wollten beides sein, das Eine und Viele. Warum sollten wir uns dazu entscheiden, dazu zurückzukehren, nur das Eine-ohne-andere zu sein, wenn wir das Eine sein können und andere haben? Wir können den Kuchen haben und aufessen! Wir können beides sein, völlig sicher als der, der wir wirklich sind und die Aufregung des Abenteuer erleben, der Gefahr, des Risikos.

David: Ich bin dabei. Ich habe vorher noch nie jemanden gehört, der meine Geschichte erzählt hat.

Richard: Diese Geschichte ist deine Lebensgeschichte. Die Verwandlung des Einen in das Eine-das-Viele-ist, ist während deines Lebens geschehen. Als du neu-geboren warst, warst du das Eine, ohne von anderen zu wissen. Das ist noch nicht so lange her. In den paar Jahren deines Lebens warst du auf dieser unglaublichen Reise des Vergessens, des Weggehens von dem, der du wirklich bist. Wenn du jetzt wieder-erwachst dazu, das Eine zu sein und zu der Tatsache, dass alles aus dir herauskommt, kannst du sagen: "Das ist es, was ich wollte. Ich wollte andere, so dass ich meine Freude des Seins mit ihnen teilen könnte. Mein Traum ist wahr geworden. Mein Traum wird gerade wahr. Erstaunlich."

Kapitel 22

Das große Warenlager

Findet euch bitte in Dreiergruppen zusammen. Eine Person setzt sich auf einen Stuhl—ich nenne sie A. A wird erleben, wie es ist, das Warenlager zu sein. Dann stellt sich B vor A und C steht hinter A. C hält eine kleine Sammlung von Dingen.

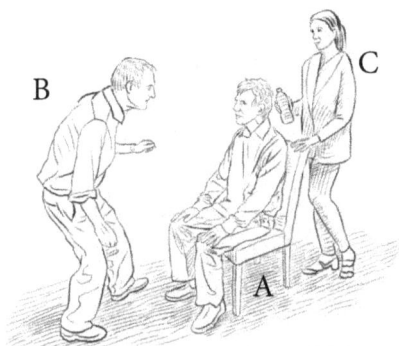

A—schau einfach geradeaus. Dies ist keine Kommunikationsübung. Ich werde zeigen, was ihr in diesem Experiment tun müsst. Ich werde B sein—ich stehe vor A.

Ich schaue nicht in A's Augen—ich kommuniziere nicht mit A. Ich bin mir bewusst, dass A aus dem offenen Raum herausschaut. Wir werden diesen Raum "das große Warenlager" nennen. Das

Lagerhaus ist der Ort, von dem alles kommt und wohin alles zurückkehrt. Ich schaue auf A, aber ich tue so, als würde ich nicht auf eine Person dort schauen, sondern in den Raum dort hinein, in das Warenlager, so dass A den Eindruck bekommt, dass ich in seinen Raum hineinschaue.

Jetzt werde ich mit meiner Hand in A's Raum hineingreifen. Ich gehe mit meiner Hand in A's Leere—greife in das große Warenlager hinein. Jetzt hole ich meine Hand zurück. Ich mache es nochmal. Jetzt verschwindet meine Hand im großen Lagerhaus, aber diesmal werde ich sehen, was es darin gibt. Wenn ich diesmal hineingreife, wird mir C, die hinter A steht, eines der Dinge geben, die sie hält. Wenn ich meine Hand also diesmal wieder heraushole, bringe ich das Objekt aus dem Raum dort heraus, aus dem großen Warenlager.

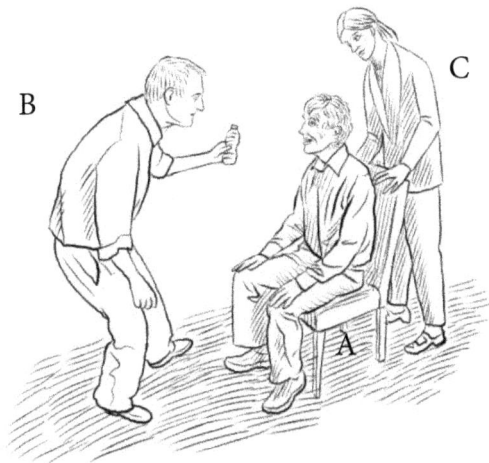

Die Erfahrung, die A macht, ist, dass dieses Objekt aus dem Nichts heraus kommt, aus dem Lagerhaus. Etwas kommt aus Nichts heraus! Also, spielt damit. Jede Person ist einmal A, im großen Warenlager.

Okay, das ist das Experiment.

Du könntest sagen, dass dieser ganze Workshop aus dem großen Warenlager herauskommt! Zauberei! Alles kommt die ganze Zeit aus dem Nichts heraus. Schöpfung ereignet sich die ganze Zeit. Das zu bemerken, heißt, ein Leben des Zaubers zu führen, ein Leben des Staunens und der Wunder.

Kapitel 23

Die Quelle der Zeit

Wir werden die Geste des zwei-seitigen Zeigens noch einmal machen.

Mit einer Hand zeigst du in den Raum hinein. Es ist jetzt fast zehn nach drei nachmittags—wir schauen dort auf einen Augenblick innerhalb der Zeit. Wir haben den Workshop um zehn Uhr an diesem Morgen begonnen und jetzt ist es fast zehn nach drei. Zur selben Zeit, wie wir in den Raum zeigen, in diesen Augenblick innerhalb der Zeit, zeigst du mit deiner anderen Hand zurück in den inneren Raum—wieviel Uhr ist es dort?

Angela: Zeitlos.

Richard: Zeitlos. Genauso wie es Gesicht zu Nicht-Gesicht ist, ist es Zeit zu Nicht-Zeit. Veränderung dort im Gegensatz zu keiner Veränderung hier. Ich sehe nichts, was sich hier bewegt—keine Veränderung, keine Zeit.

Dale: Darf ich den zeitlosen Kreis vorschlagen?

Richard: Klar—die Quelle der Zeit. Um das zu machen, müssen wir in einem kopflosen Kreis stehen.

Schau an deinem eigenen Körper herunter. Nimm wahr, dass er aus dem Nichts kommt. Dein Körper ist kopflos, er kommt aus dem offenen Raum oberhalb deines Brustkorbs.

Nun nimm den Kreis von Füßen wahr, den Kreis von Beinen— all die Körper verschwinden oben in einem Nicht-Kopf. Es gibt keine Trennungslinien in diesem Nicht-Kopf. Da unten sind wir viele, oben sind wir Eins.

Jetzt werden wir eine Uhr da auf den Boden in die Mitte des Kreises legen. Schaut auf die Uhr. Es ist elf Minuten nach drei. Die Zeiger der Uhr bewegen sich auf dem Zifferblatt der Uhr. Sie zeigen die Zeit. Zeit und Wandel gehören zusammen. Die Zeit vergeht—die sich bewegenden Zeiger bezeichnen das Vergehen der Zeit.

Während du hinunter auf die Uhr schaust, achte darauf, worin dein Körper verschwindet—in diesem offenen Raum hier oben. Kannst du hier irgendeinen Wandel sehen? Irgendwelche Bewegung hier? Wo es keine Bewegung gibt, gibt es keine Veränderung, und wo es keine Veränderung gibt, gibt es keine Zeit. Du schaust vom Zeitlosen hier in die Zeit dort.

Du musst nichts Bestimmtes fühlen—es ist eine neutrale Beobachtung. Du musst es nicht auf irgendeine bestimmte Weise verstehen. Dort siehst du Veränderung—die Zeiger bezeichnen die Zeit. Und hier oben—keine Veränderung, keine Zeit.

Dieser Kreis wird nur für ein oder zwei Minuten bestehen. Er existiert innerhalb der Zeit. Er ist dein vorübergehendes

Zuhause. Für ein paar Minuten ist dieser Kreis deine Heimat, aber in einigen Augenblicken wird sie vergangen sein. Aber hier oben dieser offene Raum wird niemals vorübergehen— dies ist deine ewige Heimat. Du verlässt diese Heimat nie. Willkommen zuhause!

Okay, wir können uns setzen.

Der Kreis ist nun vergangen, aber der Raum ist immer noch gegenwärtig. Zeit dort im Gegensatz zu keiner Zeit hier.

Kapitel 24

Reales Drama

Stell dir vor, du schaust dir einen Film an, einen Thriller und die Beziehung zwischen den Hauptdarstellern verläuft gut... bis irgendetwas Schreckliches passiert und alles geht schief. Aber dann, ich nehme mal an, in den meisten Filmen, ist am Ende alles gut. Das Problem ist gelöst. Das ist Drama. Es macht den Film interessant. Die Spannung ist kreativ.

Es gibt auch Drama in unserem Leben, einen Moment, in dem alles verkehrt zu laufen scheint. Am Anfang warst du das Eine. Dann hast du das Bewusstsein, das Eine zu sein, verloren. "Oh nein, alles ist schief gelaufen! Ich bin jetzt in einem Körper, ich bin gefangen! Oh, nein! Was wird nun geschehen? Ich werde sterben!" Das ist ein großes Drama. Es ist ein wirkliches Drama— ich tue es nicht als unwirklich ab. Wir nehmen es als wirklich hin und müssen es als wirklich hinnehmen. Wenn du die ganze Zeit, während du dir einen Film ansiehst, denken würdest: "Es ist ja nur ein Film", würdest du nicht hineingezogen werden, du wärst nicht betroffen. Du musst vergessen, dass es ein Film ist. Du musst vergessen, dass es nicht real ist. Es ist dasselbe mit unserem Leben. Wir vergessen, dass wir das Eine sind und akzeptieren auf einer tiefen Stufe die Wirklichkeit der Welt, nehmen es hin, getrennt zu sein, akzeptieren, sterblich zu sein. Aber dann erwachst du hoffentlich wieder dazu, das Eine zu sein. Dennoch bist du so tief konditioniert darauf, dich getrennt zu fühlen, dass du dir nicht nur bewusst bist, das Eine zu sein, sondern zur selben Zeit damit weiter machst, so zu denken und zu fühlen und zu handeln, als ob du eine getrennte Person wärst. Zu sehen, dass du das Eine bist, heißt nicht, dass du aufhörst, das Drama eine Person zu sein, zu erleben, die Unvorhersehbarkeit des Lebens, deinen Mangel an Kontrolle von anderen und sogar von dir selbst, das Gefühl, getrennt zu sein und sterblich, aber nun hast du zur gleichen Zeit Zugang zu dem, der du wirklich bist. Das macht den ganzen Unterschied.

Peter: Es gibt da Angst.

Richard: Ja, das Leben ist eine Achterbahnfahrt. Ja, es ist manchmal beängstigend. Ich behaupte nicht, dass es eine einfache Fahrt ist. Aber ich denke, das Leben ist schwerer, wenn du nicht siehst, wer du wirklich bist. Viel schwerer.

Von da aus zu leben, wer du wirklich bist, bedeutet ein Leben der Entdeckungen, ein großartiges Abenteuer. Im Herzen wollen wir das Abenteuer. Wir wollen nicht nur zuhause 'rumsitzen und den ganzen Tag nichts tun. Zumindest ich will das nicht. Wenn du siehst, wer du bist, wenn du siehst, dass du den Kopf von deinem Körper oben abgenommen hast, sozusagen, ist das, wie wenn du einen Korken aus der Flasche ziehst. Jetzt kann dein Leben fließen. Nimm den Korken aus der Flasche, indem du siehst, dass es gar keinen Korken gibt! Alles was du tun musst, ist hinschauen. Er ist nicht da. Plopp! Champagner! Party. Zeit, um zu feiern! Es ist nicht immer leicht, aber es ist schwerer, wenn du deinen Kopf aufbehältst.

Andrew: Immer wieder zurückkommen.

Richard: Immer wieder zurückkommen. Und wenn wir die Möglichkeit haben, das mit Freunden zu teilen, dass wir das Eine sind, so wie heute, ist es inspirierend und ansteckend.

Kapitel 25

Ein Bewusstsein

Richard: Ich höre beide, meine Stimme und deine Stimme in diesem einen Bewusstsein, also spreche ich mit zwei Stimmen. Ist das für euch auch wahr?

Barbara: Ja!

Richard: Jetzt bin ich das Eine, das das Bewusstsein das Eine zu sein, mit jemand anderem teilt, der ebenfalls das Eine ist. Ein Traum wird wahr. Andrew, du weißt genau, wie es ist, das Eine zu sein, oder? Ist alles in dir drin?

Andrew: Ja.

Richard: Seht ihr, was geschieht? Wir verhalten uns so, als ob wir hier getrennte Wesen wären, dennoch sind wir uns auch bewusst, dass wir eins sind—das Eine.

Andrew: Ja.

Richard: Wenn wir mit anderen zusammen sind, erkennen wir normalerweise an, dass wir getrennt sind. Den ganzen Tag über erkenne ich an, dass ich Richard bin. Du setzt voraus, dass du Andrew bist. Wenn du mich anschaust, fühle ich mich bestätigt, dass ich Richard bin, weil du nickst. Und ich nicke dir zu, so dass du das Gefühl hast, dass ich bestätige, dass du Andrew bist. Aber in diesem Raum geben wir nun öffentlich zu, dass wir nicht nur der eine sind, den wir im Spiegel sehen, sondern dass wir auch das Eine sind. Wenn wir das Bewusstsein dessen, wer wir wirklich sind, nach vorne holen, macht das einen grundlegenden Unterschied innerhalb der sozialen Situation. Es ist eine neue Entwicklung in der Gesellschaft. Ihr seid euch nun bewusst, dass ihr offen für jeden hier gemacht seid.

Anne: Meinst du, dass wir alle das gleiche Bewusstsein sind?

Richard: Genau das meine ich!

Anne: Das ist, was ich verstehe. Wir sind alle dasselbe Bewusstsein.

Richard: Ja. Aber ich möchte nicht nur, dass ihr versucht zu verstehen, was ich sage, ich möchte, dass ihr es selbst wahrnehmt und auf eure eigene Art und Weise ausdrückt. Natürlich müssen wir erst einmal nach Worten suchen, weil wir nicht daran gewöhnt sind, diese Wirklichkeit auszudrücken, diese zwei-seitige Wirklichkeit—beides, das Eine und Einer-unter-vielen zu sein.

Anne: Es ist, als ob dein Intellekt deiner Erfahrung im Weg steht.

Richard: Normalerweise ja. Aber jetzt können wir unseren Intellekt benutzen, um unsere Erfahrung zu feiern. Unser Intellekt muss nicht im Weg sein. Intellekt taucht innerhalb des Einen auf. Er ist ein Ausdruck des Einen.

Kapitel 26

Freiheit

Richard: Hier ist noch etwas, was man beachten kann—dieser Raum hat keine vier kompletten Wände. Wieviele Wände könnt ihr sehen?

James: Drei.

Richard: Die vierte Wand fehlt. Ich habe einen Freund, der im Gefängnis ist und diese Beobachtung ist wertvoll für ihn, weil sie bedeutet, dass er nicht im Gefängnis ist. Wir können sehen, dass wir nicht in diesem Raum sind. Um in einem Raum zu sein, müsstest du von vier Wänden umgeben sein und einem Boden und einer Decke, aber es gibt hier nur drei Wände.

Dale: Ich sitze in einer Ecke, deshalb kann ich alle vier sehen!

Richard: Okay! Drei Wände oder vier Wände und keine Ecke! Aber zu sehen, dass da irgendwo eine Lücke ist—genau da, wo du bist—heißt, sehen, dass du nicht eingeschlossen bist, nicht eingesperrt. Dabei geht es nicht in erster Linie darum, sich frei zu fühlen, es geht darum zu sehen, dass du frei bist—zu sehen, auf welche Art und Weise du gemacht bist. Du bist frei geschaffen, nicht eingeschlossen, egal wie du dich fühlst. Du bist nicht in diesem Raum enthalten. Mein Freund im Gefängnis sieht, dass er nicht im Gefängnis ist—das Gefängnis ist in ihm. Natürlich sind ihm beide Seiten seiner selbst bewusst, in dem Sinne, dass er weiß, dass genauso wie er nicht im Gefängnis ist, er doch im Gefängnis ist und nicht heraus kann. Tatsächlich trifft das auf uns alle zu, in dem Sinne, dass wir uns in Situationen wiederfinden, aus denen wir nicht heraus können. Aber privat, als der, der du wirklich bist, bist du nicht in dieser Situation, sie ist in dir. Jetzt kannst du dir beider Seiten deiner selbst bewusst sein. Nur die Sicht von außen auf dich selbst zu haben, bedeutet, gefangen zu sein und das war's. Aber auch den inneren Blick zu haben, bedeutet, deine innere Freiheit zu genießen. Von dieser Freiheit aus zu leben, macht einen riesen Unterschied in deinem Leben.

Roger: Ist das nicht, weshalb man sagt: "Du bist deine

Gedanken?" Wenn du denkst, dass du gefangen bist, dann bist du es auch.

Richard: Ja. Traue deinen Gedanken nicht nur, schau auch hin.

Diana: Ich dachte, du wärst nicht deine Gedanken?

Richard: Ich glaube, Roger meinte, dass wir glauben, was unsere Gedanken sagen, dass wir es sind. Meine Gedanken sagen, dass ich Richard sei, der hier drüben sitzt. Nun, das stimmt. Aber es ist genauso wahr, dass ich nicht Richard bin, ich bin Raum für die Welt.

Eric: Die direkte Erfahrung davon ist so kraftvoll. Unsere konditionierten Gedanken und Bilder von uns selbst sagen uns, dass wir unzureichend sind oder uns etwas fehlt, daher ist es befreiend, unsere wesentliche Natur zu sehen.

Richard: Ja, diese Freiheit spricht für sich selbst. Welch ein Schatz.

Eric: Je mehr du hinschaust, desto mehr siehst du.

Richard: Ja, es läuft nie trocken. Es wird leuchtender—es ist keine Farbe, es ist nicht leuchtend oder dunkel, aber irgendwie wird es leuchtender.

Wir verlieren uns in unseren Gedanken, aber glücklicherweise ist unsere wahre Natur nur einen Blick entfernt. Du musst dich nicht irgendeinen Berg zurück hochkämpfen, um da hin zu kommen, wer du wirklich bist. Schau einfach. Jetzt sehe ich es. Es ist sehr freundlich—es macht sich selbst kostenlos und unmittelbar verfügbar.

Nigel: Ich stelle mir vor, dass wir mit der Zeit weniger abgelenkt oder von Gedanken eingesaugt weden, sozusagen.

Richard: Ich denke, das wird auf so viele verschiedene Arten tiefer und tiefer. Es ist kein Rezept für Utopia oder Perfektion—Perfektion gibt es nur hier in unserer Mitte, nicht dort in der Welt. Aber, mein Gott, sich dessen bewusst zu sein, macht einen Unterschied! Du hast die Mitte gefunden. Das ist kraftvoll, es ist heilend. Aber wir müssen es tun und nicht nur darüber nachdenken. Heute unterstützen wir uns gegenseitig, helfen uns gegenseitig, wach zu bleiben als der, der wir wirklich sind.

Kapitel 27

Innere Freiheit

Gloria: Wir haben über das Eine und die Vielen gesprochen. Ich sitze gerade hier und bin das Eine, das sich dessen bewusst ist, was gerade geschieht. Aber was ist mit unseren ganzen Neurosen, unseren Mustern und Gewohnheiten, der Persönlichkeit und all dem? Wie steht das in Beziehung zu dem Einen? Wie kommen wir über all das hinweg?

Richard: Erstens gibt es ein sehr reales Empfinden, in dem du bist, wie du aussiehst. Jeder spiegelt dir deine Erscheinung zurück und du nimmst sie an. Die grundlegende Botschaft, die du von der Gesellschaft bekommst ist, dass du ein Ding bist, eine Person. Es ist lebensnotwendig, dass du diese Identität annimmst, so dass du innerhalb der Gesellschaft funktionieren kannst. Aber ein "Ding" zu sein, ist auch ein Problem, weil Dinge anderen Dingen gegenüberstehen. Und ein Ding zu sein, bedeutet auch, dass du sterben wirst. Es ist daher nicht überraschend, dass du, wenn du glaubst, ein Ding zu sein, einige Neurosen hast!

Aber wenn du die grundlegende Annahme, dass du ein Ding bist, durchschaust und siehst dass du ein Nicht-Ding, Nichts, bist, bedeutet das, dass deine Konditionierung und deine Neurosen alle aufgeklärt werden? Bedeutet es, dass du nicht länger Probleme hast? Bedeutet es, dass du dich nicht länger mit dem da im Spiegel identifizierst? Nach meiner Erfahrung nicht. Ich bin immer noch mit Richard identifiziert. Ich habe immer noch Probleme. Eine Person zu sein, heißt, kompliziert zu sein, es bedeutet, Probleme zu haben, so dass ich, wenn ich sehe, wer ich wirklich bin, weiterhin Probleme habe, da ich weiterhin eine Person bin. Und dennoch ändert das Sehen etwas. Jetzt sehe ich, dass ich tief im Grunde meines Seins frei bin. Ich bin kein konditioniertes Ding. Ich habe keinerlei Einschränkungen. Das macht einen Unterschied.

Dieses tiefe Gefühl von Freiheit kannst du auf keine andere Art und Weise bekommen. Du kannst eine relative Freiheit erreichen, indem du dieses oder jenes Problem löst, aber wenn du ein Problem gelöst hast, taucht ein anderes auf. So ist das Leben. Aber wenn du heimkommst zu dem, der du wirklich bist, löst du das grundlegende Problem jedes Mal, wenn du hinschaust, das Problem, ein begrenztes, sterbliches Ding zu sein. Dieses Bewusstsein deiner tiefen inneren Freiheit beeinflusst dann nach und nach jeden Bereich deines Lebens.

Kapitel 28

Erfahrung und Sinn

Du hast die Erfahrung gemacht, wer du wirklich bist, aber dein Verständnis davon ist Stückwerk. Dein Verstehen wird nie vollständig sein. Wenn du das Gefühl hast, dass es da etwas über dein wahres Selbst gibt, das du nicht verstehst, dann willkommen im Klub! Keiner versteht sein wahres Selbst vollkommen. Wenn du denkst, dass jemand anders sieht, aber du nicht, dann ist es in Wirklichkeit so, dass diejenigen einfach auf diese grundlegende, neutrale Erfahrung auf andere Art und Weise reagieren als du. Du machst die Erfahrung—du kannst sie nicht nicht machen. Ihre Reaktion ist einfach anders als deine und egal, wie eine Reaktion aussieht, sie wird vorübergehen. Nichts bleibt ewig. Wenn du dich verwirrt darüber fühlst, wer du wirklich bist, willkommen im Klub! Nach außen ist die Sicht von jedem undeutlich, in die Richtung nach innen klar. Ich denke, wir können die Unklarheit und unseren Mangel von völligem Verstehen in die Richtung nach außen tolerieren auf Grund der Klarheit, die wir im Inneren finden. Wir machen die Erfahrung unserer wahren Natur zu 100 Prozent, wann immer wir uns dazu entscheiden, darauf zu achten und währenddessen kommt und geht unser Verstehen. Das "Wow" kommt und geht.

Die Erfahrung, wer du wirklich bist, ist neutral. Die Tatsache, dass sie neutral ist, ist wertvoll, weil es bedeutet, dass es keine Hierarchie von Sehenden hier gibt. Du kannst es nicht besser oder schlechter sehen als jemand anders. Es ist eine neutrale Beobachtung von etwas, das im Nichts geschieht. Weil es nicht vom Verstehen abhängt, kannst du es sehen, wann du willst. Du kannst jetzt willentlich entscheiden zu bemerken, dass du dein eigenes Gesicht nicht siehst, stattdessen siehst du die Welt. Das hängt nicht davon ab, dass jemand anders damit einverstanden ist. Es hängt nicht davon ab, dass du darüber auf eine bestimmte Art und Weise denkst. Das bedeutet, du kannst es egal wo und egal wann bemerken, sogar,

189

wenn du eine schlechte Zeit durchmachst. Wenn es dir schlecht geht, kannst du immer noch dein Gesicht nicht sehen.

Wir können die schlechten Zeiten als eine Entschuldigung nutzen—ich werde warten, bis das Problem geht und dann werde ich auf meine wahre Natur achten. Aber du kannst auf den Raum achten, während das Problem da ist. Tatsächlich ist der wichtigste Augenblick, um darauf zu achten, dann, wenn du eine schwere Zeit durchmachst. Du hast jetzt keine Entschuldigung—du weißt, wo du schauen musst. Such dein Gesicht. Es ist keine verborgene, schwierige Sache—schau einfach.

Dale: Je mehr ich mit den Übungen vertraut werde und mit meiner eigenen Übungspraxis, desto tiefer wird es. Es ging bis zu einem Punkt, an dem ich feststellte, dass es unmöglich ist zu wissen, was es ist. Wir versuchen immer, es in eine Schachtel zu sperren, aber wenn du dich dahin entspannst, in das, was du unmittelbar weißt, wird es alles. Es wird aufregend, eine Möglichkeit, die sich selbst zeigt—wie könntest du gelangweilt sein? Es wird einfach immer tiefer.

Kapitel 29

Lasst uns tanzen

Im Fernsehen habe ich ein Interview mit der Engländerin Jane Goodall gesehen. In den 60ern, als sie ein Teenager war, hat sie in Afrika mit Louis Leaky, dem Paleo-Anthropologen, gearbeitet. Er versuchte, die Knochen zu finden, die den Schimpansen und die Menschenaffen mit den Menschen verbinden würden—die "fehlende Verbindung". Jane Goodalls Job war, das Verhalten der Schimpansen zu beobachten, um zu sehen, ob irgendeine ihrer Verhaltensweisen so ähnlich wie menschliches Verhalten ist. Wenn sie solche Ähnlichkeiten im Verhalten beobachtet hätte, hätte dies Leakys Idee unterstützt, dass in der Frühgeschichte ein Vorfahre existierte, den wir Menschen und die Menschenaffen gemeinsam haben, in dem solches Verhalten begründet ist.

Zum Beispiel beschrieb sie in diesem Interview, dass sie einen Pfad mit einem Schimpansen hinunterging—wie du!—und sie machten Halt, um eine Pause zu machen. Sie hatte ein Stück Obst in der Tasche und bot es dem Schimpansen an. Der Schimpanse nahm die Frucht, aber hielt dann für einen Augenblick Janes Hand, schaute ihr in die Augen, drückte dann ihre Hand—und ließ das Obst fallen. Jane interpretierte dieses Verhalten als "Vielen Dank. Ich möchte diese Frucht nicht, aber ich möchte deine Gefühle nicht verletzen, wenn ich sie nicht annehme." Das ist etwas, was eine Person vielleicht tun würde. "Ich will es nicht, aber trotzdem danke." Dann drückst du die Hand der Person, um zu zeigen, dass du ihre Gefühle nicht verletzen möchtest.

Jedenfalls fiel ihr auf, dass die Schimpansen, die sie beobachtete, jeden Abend zum Wasserfall gingen. Sie gingen nicht dort hin, um zu essen oder zu trinken oder zu schlafen. Sie gingen nur hin und schauten den Wasserfall an. Während sie ihn anschauten, machten sie einen kleinen Tanz—wie Jane Goodall es interpretierte. Sie bewegten sich von einem Fuß auf den anderen Fuß, während sie den Wasserfall anschauten. So wie sie es verstand, bemerkten sie etwas Außergewöhnliches—die Tatsache, dass das Wasser immer herunterkam, immer wegging, dennoch immer da war. Sie hatte das Gefühl, dass die Schimpansen nicht verstehen konnten, wie das sein konnte. Wie konnte das Wasser immer herunterkommen, immer weggehen und trotzdem immer da sein? Sehr geheimnisvoll! Im Angesicht dieses Geheimnisses, als Antwort auf dieses Rätsel und Wunder, tanzten die Schimpansen also.

Daher sage ich, schaut heraus aus der Leere und da ist dieses Wunder des Lebens. Dieser gegenwärtige Augenblick kommt immer herein, geht immer wieder weg, ist trotzdem immer da. Für mich ist die passende Antwort auf dieses Geheimnis nicht eine Doktorarbeit zu schreiben, sondern zu tanzen. Das Leben, das hier in der Leere auftaucht, ist ein Geheimnis, ein Wunder, ein Geschenk. Dieser Wasserfall des gegenwärtigen Augenblicks strömt von wer weiß woher herein? Er strömt aus—wer weiß, wohin er geht? Trotzdem ist er immer da. Immer da. Unerklärlich, ein Geschenk, ein Wunder.

Anne: Der Tanz des Lebens.

Richard: Ja.

Anne: Dein Optimismus gibt uns allen sehr viel.

Richard: Ich bin optimistisch, weil das Unmögliche geschehen ist, gerade geschieht—Sein. Was wäre danach nicht möglich? Das Unmögliche ist geschehen—geschieht gerade jetzt!

Kapitel 30

Schmerz und Widerstand

Bevor der Workshop anfing, hat mich ein Herr gefragt, ob Sehen, wer du wirklich bist, bei Schmerz hilft oder nicht. Streck' deine Hand aus und schau sie an. Du siehst Farbe und Form dort, aber hier in deiner Mitte, siehst du weder Farbe noch Form—du bist leer für deine Hand. Jetzt mache eine Faust, so dass sich deine Hand anspannt. Wird der Raum angespannt? Nein. Jetzt entspanne dich. Dein Körper spannt sich an und entspannt dann, aber der Raum wird nicht beeinflusst. Jetzt presse leicht deinen Daumennagel in einen deiner Finger, so dass du ein leichtes Unbehagen spürst. Tut das dem Raum weh? Nein. Obwohl du dir bewusst bist, dass der Raum nicht beeinflusst wird, fühlst du immer noch das Unbehagen? Ja. Aber das Unbehagen ist nicht zentral. Bringt das Bewusstsein davon einen Unterschied, wie du mit Anspannung und Schmerz umgehst? Ich sage ja, aber findet das für euch selbst heraus!

Sagen wir, du hast ein Problem und du weißt nicht, wie du es lösen kannst. Halte das Problem in deinem Geist, in diesem weisen Raum. Ich bin sicher, dass aus der Quelle irgendeine Art von Antwort kommt—obwohl es vielleicht nicht die Antwort ist, die du erwartest oder möchtest! Es ist ein sehr weiser Raum, selbstverständlich, denn er ist. Er weiß, wie er sein kann.

Hier ist ein weiteres Experiment. Schau auf deine Hände und achte darauf, dass du aus dem Nichts, aus der Leere, auf sie schaust. Die Leere empfängt die Farbe deiner Hände. Sie mischt sich nicht in die Farbe ein, oder? Sie ist einfach leer, sie ist einfach offen für die Farbe. Sie sagt nicht "Nein" zu der Farbe. Jetzt bringe deine Handflächen zusammen und presse sie gegeneinander mit gleichmäßigem Druck auf beiden Seiten. Sie bewegen sich nicht. Du kannst fühlen, wie sie einander Widerstand leisten. Der Raum nimmt den Widerstand hin, oder? Jetzt hör auf. Jetzt drücke mit der rechten Hand und lass die linke Hand nachgeben. Bevorzugt der Raum das Nachgeben gegenüber dem Drücken, oder Gewinnen zu Verlieren? Nein. Er sagt ja zu allem.

An der Oberfläche, wenn ich als Richard spreche, leiste ich manchen Dingen gegenüber Widerstand und manchmal nehme ich sie hin. Manchmal empfinde ich Widerstand gegenüber einem Schmerz und manchmal nehme ich ihn hin—am Ende, wenn ich muss! Aber tief innen, als mein wahres Selbst, nehme ich immer hin, was geschieht, einschließlich dem Schmerz. Tief innen sage ich ja zu allem.

Macht es einen Unterschied zu sehen, dass du tief innen immer ja sagst, dass du den gegenwärtigen Augenblick immer willkommen heißt? Das tut es. Sehen, wer du wirklich bist, ist ein grundlegendes Ja zum Leben, und das Leben hinzunehmen und willkommen zu heißen, ist verschieden davon, ihm Widerstand entgegen zu setzen. Aber probiere es aus. Sieh, wer du bist und sieh, wie die Dinge sich entwickeln, wenn du tief innen das Leben willkommen heißt, selbst wenn du an der Oberfläche dem, was geschieht, Widerstand entgegensetzt.

Ian: Ich habe einige ziemlich starke Neins in mir.

Richard: Ja, ich auch.

Ian: Daher kann ich dem nicht zustimmen, dass ich zu allem ja sage. Sogar auf einer tiefen Stufe habe ich das Gefühl, dass bestimmte Dinge richtig sind, bestimmte Dinge falsch sind.

Richard: Aber leistet der Raum irgendetwas gegenüber Widerstand?

Ian: Ich weiß nicht.

Richard: Nun ja, überprüfe es. Ich finde, nein.

Ian: Ja, aber wenn eine Faust auf deine Nase zukommt, würdest du aus dem Weg gehen, oder?

Richard: Ja. Aber ich unterscheide zwischen mir als Richard und mir, als der, der ich wirklich bin. Wie ich schon sagte, Richard leistet Widerstand. Hoffentlich geht er einer drohenden Faust aus dem Weg! Aber wer ich wirklich bin...

Margaret: ...sagt ja dazu, dass du aus dem Weg gehst.

Richard: Genau. Es ist angemessen, zu einigen Dingen ja zu sagen und nein zu anderen Dingen. Dinge leisten Dingen Widerstand.

Das ist, was Dinge tun. Dinge leisten Dingen Widerstand aber Nichts leistet nichts Widerstand. Nun, bist du in der Mitte ein Ding oder bist du Nichts? Nur du kannst das sagen. Wenn du Nichts bist, leistest du nichts Widerstand. Aber schau genau hin. Schau jetzt. Was findest du dort? Genau dort, wo ich bin, finde ich nichts—nichts als Raum für die Welt.

Diese unbedingte Offenheit ist keine Haltung. Sie ist kein Gefühl. Sie ist keine Leistung. Du kannst sie nicht mehr oder weniger tun. Sie ist keine Sache von Abstufung, oder? Du kannst nicht ein kleines bisschen leer sein. Aber stromabwärts von der Quelle kannst du ein bisschen hingegeben sein oder sehr stark hingegeben. Für bestimmte Dinge ist es sehr gut, wenn du hingegeben bist, für andere Dinge nicht. Stromabwärts gibt es also immer einen Rhythmus zwischen ja und nein, zwischen Hingabe und Widerstand. Aber hier an der Quelle, im Ursprung, stromaufwärts von allen Dingen, bist du immer offen gemacht—Gesicht dort zu Nicht-Gesicht hier.

Diese Experimente sind Möglichkeiten, unsere Aufmerksamkeit ganz einfach von dort nach hier zu verlagern. Du siehst, wie einfach es ist. Wie absolut verfügbar es ist. Wie du es nicht falsch machen kannst. Die einzige Zeit, zu der du sehen kannst, wer du bist, ist jetzt. Das zu sehen, braucht keine Bestätigung von irgendjemand anders. Es ist so praktisch. Und liebend. Es geht tiefer und tiefer und tiefer. Diese Richtung, im Blick nach innen, ändert sich nie, aber in die andere Richtung, im Blick nach außen, geht es tiefer und tiefer. Es ist eine Sache der Aufmerksamkeit. Ich vermute, du könntest sagen, dass, je mehr du es tust, desto mehr wird es zu deiner Grundeinstellung.

David: Was ist mit Angst, wie in der Geschichte, als Gott ins Sein kommt und sich dazu entschließt, zu vergessen, wenn er riskiert, dass er sich nicht mehr daran erinnert, dass er Gott ist? Ich verspüre diese Angst, mich nicht zu erinnern, davon, das Selbst komplett zu verlieren. Was schlägst du vor, wenn diese Angst hochkommt?

Richard: Genau jetzt, siehst du, wer du bist? Ja. Das ist alles, was du tun kannst. Du kannst die Zukunft nicht garantieren. Du kannst nur sehen, wer du jetzt wirklich bist. Da steckt eine große Freiheit drin. Du kannst den Raum nicht reparieren oder erobern. Dennoch ist diese Angst ein Teil des Spiels, oder? Sie ist im Spiel, dort. Du bist frei davon hier, wo du bist. Du kannst das jetzt sehen. Du bist absolut frei von dieser Angst jetzt, sogar während du sie fühlst. Das ist wie mit dem Schmerz—du fühlst ihn dort und nicht hier. Es ist also kein Versprechen, dass du nie mehr Angst haben wirst oder dass du dich nie mehr deprimiert fühlen wirst oder verletzt. Aber es ist ein Versprechen, dass du immer sehen kannst, wer du wirklich bist, hier und jetzt, was gleichzeitig Sehen ist, dass es keine Angst oder Depression oder Schmerz genau da gibt, wo du bist. Und paradoxerweise heißt, es jetzt zu sehen, es für immer zu sehen, denn das Sehen selbst findet außerhalb der Zeit statt.

Glaubt natürlich nicht, was ich sage, probiert es selbst aus.

Joan: Vielleicht ist eine andere Art, diese Geschichte zu interpretieren, dass wir in dem Prozess stecken, uns zu erinnern, dass wir Gott sind oder die Weite oder das Absolute.

Richard: Eine gute Art es darzustellen. Die Tatsache, dass diese Erfahrung so offensichtlich und verfügbar für uns alle ist, heißt, dass es nichts gibt, worüber man streiten könnte. Jeder hat einen gültigen Blick von der Quelle aus und der Ausdruck eines jeden davon ist gültig. Sehen, dass wir das Eine in der Mitte sind, bekräftigt die Individualität und Einzigartigkeit.

Kapitel 31
Angst, das Selbst zu verlieren

Dale: Manchmal fühlen sich die Leute desorientiert oder sogar verängstigt, wenn sie das erste Mal da hin kommen. Kannst du uns etwas darüber aus deiner Erfahrung mitteilen?

Richard: Ich denke, wir können alle wahrscheinlich verstehen, wie es so sein kann, denn das ist so eine unterschiedliche Art sich selbst zu erleben, verglichen mit der gesellschaftlichen Sicht von dir. Es kann furchterregend für manche Leute sein, auf sich selbst zu zeigen und nichts dort zu sehen—plötzlich fühlst du dich, als ob du verschwunden wärst, dass du nicht existierst. Das kann sich seltsam und unangenehm anfühlen oder sogar furchterregend. Vielleicht fühlst du dich versucht, davor davonzurennen.

Aber wenn du nicht wegrennst, wenn du damit weitermachst dranzubleiben, weitermachst zu sehen, wer du bist, siehst du, dass du obwohl du "nichts" bist, du trotzdem bist. Sein ist unzerstörbar. Und dann siehst du, dass du, sogar obwohl du siehst, dass du "nichts" bist, das Sein bist, die gesellschaftliche Sicht auf dich weitergeht. Dein Selbst-Bewusstsein bleibt. Anstatt dein gesellschaftliches Selbst zu verlieren, erkennst du, dass dein gesellschaftliches Selbst einfach nicht die Mitte ist—der Raum ist die Mitte. Sein ist die Mitte. Daher hast du dein Selbst nicht wirklich verloren—du hast es eher an seinen Platz verwiesen, es da draußen hinplatziert, wo es hingehört.

Während du damit experimentierst, darauf zu achten, wenn du das Sehen sozusagen hereinlegst, erkennst du, dass es sicher ist. Tatsächlich ist es ein tolles Arrangement—Privat bist du Raum, öffentlich bist du eine Person.

Jetzt lebst du beide Seiten deines Wesens und erkennst, dass es funktioniert und besser funktioniert, als nur der da im Spiegel zu sein. Ich will noch hinzufügen, dass ich es wertvoll finde, Freunde zu haben, die sehen, weil du, wenn du dich durch das Sehen desorientiert fühlst und es gab Zeiten, in denen ich mich desorientiert gefühlt habe, andere, die sehen, das wahrscheinlich verstehen werden. Und hoffentlich können sie dir helfen zu verstehen, dass ein kleines bisschen Desorientierung normal ist.

Wenn du dich an einem gewissen Punkt nicht ein bisschen desorientiert fühlen würdest, wäre das eher seltsam, oder? Du hast Jahre damit zugebracht, dich mit dem da im Spiegel zu identifizieren und jetzt siehst du, dass du von deinem Blickwinkel aus Raum für die Welt bist. Das ist ein radikaler Wechsel. Der schreckt dich hoffentlich auf!

Bewusstsein dessen, der du wirklich bist, geht tatsächlich mit dem Bewusstsein, ein Individuum zu sein, zusammen. Es schließt deine Individualität nicht aus oder löst sie auf. Vielmehr stellt sie sie an ihren Platz. Obwohl du also jetzt siehst, dass du grenzenlos bist, bist du dir gleichzeitig deiner persönlichen Grenzen bewusst. Ich sehe, dass ich du bin, aber trotzdem werde ich dir nicht meine Brieftasche geben. Als Person verstehe ich gut genug, wo ich ende und du anfängst. Gleichzeitig sehe ich, dass ich du bin, dass die ganze Welt mir gehört und ich unendlich reich bin, also werde ich dir am Ende meine Brieftasche vielleicht doch geben! Es gibt keine festen Regeln hier.

Kapitel 32

Frei von Problemen

Ian: Ich bin mir eines inneren Konfliktes bewusst. Einerseits bemerke ich diese Anstrengung in mir, diesen Glauben, dass ich diese Erfahrung des einen Bewusstseins erschaffen muss. Ich bemerke, dass mein Gehirn denkt, ich müsste diese Wirklichkeit erschaffen. Andererseits lerne ich, dass ich sie nicht erschaffen muss, ich muss nicht weiter versuchen, die Erfahrung zu erschaffen, weil die Erfahrung bereits geschieht.

Richard: Sehen, wer du wirklich bist, bedeutet nicht, dass du diese Art von Gefühlen nicht mehr hast,—das Gefühl zum Beispiel, dass du das Sehen geschehen lassen solltest. Diese Reaktion findet im Raum statt. Du machst nichts falsch. Es wäre hart, wenn Sehen bedeuten würde, dass wir diese Art von Reaktionen nicht haben sollten, weil wir jeden Tag gelehrt wurden, dass wir, um im Leben weiter zu kommen, dies und das und jenes tun müssten. Also diese Art von Gedanken und Gefühlen sind tief in uns verwurzelt. Und das ist okay.

Ian: Es geschieht im Raum.

Richard: Ja, genau.

Ian: Hängt einfach da.

Richard: Ja, hängt einfach da. Zauberei. Als das Eine erschaffe ich gerade ein Problem, das sich aus dem Nichts erhebt! Wenn du keine Probleme hättest, nachdem du gesehen hast, wer du bist, würdest du in fünf Minuten darum beten, weil Probleme Herausforderungen sind—was dazu führt, dass man Abenteuer erlebt und neue Dinge entdeckt. Ja, es ist manchmal schwierig und manchmal ist es sehr schwierig, aber es ist ein Lernprozess. Du wirst trotzdem Probleme bekommen, ob du sie willst oder nicht!

Ian: Die Erfahrung, die ich gerade mache, ist, dass sie nur im Raum sind.

Thomas: Douglas Harding hat gesagt, wenn du ein Problem hast, stell dir vor, du hältst es in deiner Hand dort. Das Problem ist dort.

Richard: Streck deine Hand aus und stelle dir vor, du hältst gerade dein Problem. Denk an ein Problem, das du gerade in deinem Leben hast. Ein echtes Problem, das du hast und stelle es dir in deiner Hand vor. Das Problem ist dort. Jetzt achte darauf, dass dein Arm zurückkommt in den offenen Raum. Dein Arm kommt aus dem Nichts heraus, aus dem einzigen Auge. Problem dort, kein Problem hier!

Kapitel 33

Vertrauen

Alex: Der da im Spiegel, der Kleine—gibt es da irgendwann eine wirkliche Veränderung, außer den Entwicklungsstufen? Findest du, dass das Bewusstsein dessen, der du wirklich bist, den Kleinen beeinflusst?

Richard: Ja, immer mehr, immer tiefer. Ich denke, das geschieht für jeden unterschiedlich, obwohl es grundlegende Themen gibt. Während die Realität dessen, der ich wirklich bin, nach und nach einsinkt, wächst mein Respekt vor dem Einen. Daher neige ich dazu, diesem Einen immer mehr zu übergeben, ihm immer mehr zu vertrauen. Meiner Erfahrung nach ist das nie eine komplette Sache, es ist ein Rhythmus—manchmal leiste ich Widerstand. Also gibt es einen Dialog, einen Rhythmus zwischen Widerstand und Hingabe, zwischen Zweifel und Vertrauen. Je mehr ich weitermache, desto mehr sehe ich, wer hier ist, desto mehr denke ich: "Du bist klug! Du scheinst zu wissen, was du tust!" Du—damit ist das Eine gemeint.

Alex: Ich lache, weil wir das Experiment gemacht haben, bei dem du eine Hand gegen die andere drückst und du gefragt hast: "Bevorzugt der Raum etwas?" Es ist so klar, dass er das nicht tut. Dann zwei Sekunden später kann ich ein Gespräch führen und vollkommen vergessen, dass ich dieses Verständnis hatte!

Richard: Ja, wir machen uns alle ein bisschen Sorgen um dich, Alex!

Jennifer: Ich weiß nicht, was du mit "ihm vertrauen" meinst. Ihm vertrauen, was zu tun?

Richard: Nun, sich um dich zu kümmern.

Brian: Es hat sich noch nie verändert, daher kannst du natürlich etwas vertrauen, das sich noch nie verändert hat.

Richard: Ja, du kannst ihm vertrauen, dass es immer da sein wird. Aber wie kannst du sicher sein, dass es sich um dich kümmern wird? Ich kann nicht sicher sein, aber jetzt habe ich die Wahl, ihm zu vertrauen oder nicht. Ich vertraue ihm sicherlich nicht die ganze

Zeit über. Manchmal bezweifle ich, dass es sich um mich kümmert. Aber das bedeutet, dass ich jetzt auf einer interessanten Reise bin, es ist ein Abenteuer. Ich bin mir des Einen bewusst und bin mir der Möglichkeit bewusst, ihm zu vertrauen. Ich erkenne, je mehr ich ihm tatsächlich vertraue, um so vertrauenswürdiger ist es. Es ist geheimnisvoll, wie es funktioniert. Es ist äußerst weise und liebend..

Kapitel 34

Sich erinnern

Diana: Es ist ein wunderbares Gefühl, Bewusstsein von diesem Nichts hier zu haben. Es fühlt sich sehr leicht an. Aber wie schafft man es, dieses Bewusstsein nicht zu vergessen, wenn man draußen in der Welt ist? Wie kannst du dich an dieses Bewusstsein deines Nichts die ganze Zeit über erinnern?

Richard: Es gibt verschiedene Antworten auf diese Frage. Hier sind einige Ideen. Diese Experimente sind tolle, einfache, praktische Erinnerungshilfen, die du in deinem Alltag anwenden kannst. Sehen, wer du wirklich bist, ist keine esoterische, abstrakte Idee. Wenn du mit einer anderen Person zusammen bist, kannst du darauf achten, dass es Gesicht dort zu Raum hier ist—du bist offen gemacht für sie. Wenn du mich jetzt anschaust, siehst du nur Richards Gesicht, du siehst dein eigenes nicht—Gesicht zu Nicht-Gesicht. Du kannst das sehen. Wann immer du mit jemand anderem zusammen bist, kannst du darauf achten. Es ist praktisch. Es ist nicht-sprachlich, so dass du nichts sagen musst oder irgendetwas denken musst. Eine Person in einem Geschäft, ein geliebter Mensch, irgendjemand, es ist immer das selbe—Gesicht dort zu Nicht-Gesicht hier. Oder du kannst auf dein einziges Auge achten—es ist egal, ob irgendjemand anders da ist oder nicht oder wo du bist. Du könntest sogar zeigen, vielleicht wenn du allein irgendwo bist. Zeige jetzt auf dein Nicht-Gesicht. Da hast du's. Du kannst dein Gesicht nicht sehen. Oder wenn du fährst, sieh', dass du still stehst, während die Landschaft sich bewegt. Wenn du im Bett deine Augen zumachst, sieh', dass du keine Begrenzung hast. Das sind alles praktische Tipps und Erinnerungshilfen, die du überall anwenden kannst, zu jeder Zeit. Das ist eine Idee. Obwohl wahrscheinlich das Wichtigste ist, dass du dir bewusst sein willst, wer du wirklich bist. Dann wirst du deinen Weg finden, so oder so.

In der Gesellschaft aufzuwachsen heißt, dir als Person in den Augen der anderen bewusst zu werden. Du nimmst diese Identität an. Ich sehe mich selbst durch deine Augen als Richard. Ich kann Richard nicht sehen, aber ich nehme diese Identität von dir, wie ich das Abbild vom Spiegel nehme. Ich handle also, als ob Richard hier wäre. Ein Säugling hat noch nicht gelernt, das zu tun. Aber weil jeder in der Gesellschaft, in der das Baby aufwächst, selbst-bewusst ist, lernt der Säugling selbst-bewusst zu sein. Es ist ansteckend. Du kannst es nicht vermeiden. Du kannst deine persönliche Identität nicht ignorieren, verneinen oder zurückweisen, sonst könntest du in der Gesellschaft nicht funktionieren. Mit anderen Worten, eine Person zu sein ist eine gesellschaftlich-ansteckende Sache und ist es weiterhin, bis zu dem Tag, an dem du stirbst. Auf die eine oder andere Art wirst du ständig von anderen an deine persönliche Identität erinnert und du erinnerst andere an ihre.

Dennoch bin ich mir gleichzeitig bewusst, dass ich das Eine bin. Hier in diesem Workshop sind wir in einer Mini-Gesellschaft, in der Bewusstsein deines wahren Selbst ganz oben steht. Das ist auch ansteckend, besonders, wenn wir darüber sprechen. Denn, genauso wie wir uns gegenseitig unsere gesellschaftliche Identität bekräftigen und versichern, bekräftigen und versichern wir uns auch unser wahres Wesen. Es ist eine kraftvolle Sache, öffentlich zu erklären, wer du wirklich bist, über unser eines Selbst zu kommunizieren. "Ich bin das Eine! Bist du das Eine? Ja? Toll!" Wenn wir Aufmerksamkeit für unser wahres Selbst ins Bewusstsein bringen, in die soziale Situation, wie wir das heute tun, ist das genauso ansteckend wie die Aufmerksamkeit für unsere öffentliche Identität. Kommunikation mit anderen darüber, wer wir wirklich sind, erweckt Aufmerksamkeit für unser wahres Selbst in jedem. Deshalb ermutige ich die Leute, ihre Stimme zu benutzen. Auf diese Art helfen wir uns gegenseitig, uns bewusst zu sein, dass wir das Eine sind. Obwohl diese Wirklichkeit keine Bestätigung von außen braucht, bestätigen wir sie.

Je mehr Menschen da sind, die ja zu dieser Wirklichkeit sagen, desto mehr ändert sich die gesellschaftliche Realität in der Richtung, dieses Bewusstsein leichter zu machen und zu unterstützen. Das ist die "Arbeit", die gemacht werden muss—von dem aus zu leben und das zu teilen, wer wir wirklich sind, obwohl es mehr wie Spiel ist als Arbeit. Hier in diesem Workshop heute geht es genau um diese Aufmerksamkeit—einander zu helfen, wach zu bleiben für unser wahres Selbst. Jetzt, wo ihr diese anderen hier kennengelernt habt, die sehen, wer sie sind, müsst ihr sie eigentlich überhaupt nicht mehr wiedersehen und ihr werdet trotzdem immer in Kontakt mit ihnen sein—weil da nur Eines ist. Wenn du siehst, wer du bist, siehst du als und für jeden. Also auf einer tiefen Ebene unterstützen wir uns gegenseitig, wenn wir sehen, sogar wenn wir nicht mit anderen zusammen sind.

Aber neben dieser angenehmen Tatsache haben wir zur Zeit viele Gelegenheiten, mit anderen zusammen zu sein, die sehen, wer sie sind, entweder beim tatsächlichen Zusammensein oder online oder auf andere Art und Weise. Es gibt eine wachsende Gemeinschaft auf der ganzen Welt, die ja sagt zu dieser Wirklichkeit. Das ist eine kraftvolle Unterstützergruppe. Deshalb bin ich hier bei diesem Workshop—um zu unterstützen und unterstützt zu werden, zu erinnern und erinnert zu werden, wer ich wirklich bin, mich darüber zu freuen, unsere vielen Stimmen in dieser einen Stille zu hören. Freunde zu haben, mit denen du dieses Sehen teilst, kann dir also wirklich helfen, wach zu bleiben für das Sehen.

Diana: Was passiert letztendlich? Sagen wir, wenn ich die ganze Zeit sehe, wer ich bin, ständig, wird es da eine Art von Transformation geben?

Richard: Wenn du siehst, wer du bist, gibt es da einen plötzlichen und völligen Wechsel? Siehst du dann für immer, so dass du nie mehr zurückkehrst zu der alten Art und Weise zu sein? Nun, das Sein ist immer hier. Wenn du siehst, wer du wirklich bist, siehst du, dass dein wahres Selbst immer hier ist. Es war niemals nicht hier. In gewissem Sinne ändert sich also nichts, außer, dass du das bemerkst, was sich niemals ändert. Natürlich denke ich nicht immer darüber nach, wer ich wirklich bin oder sage ja dazu auf einer bewussten Ebene, aber es ist immer hier. Was sich also ändert, ist nicht die

Sichtweise in den Raum hinein, sondern unsere Antworten und Reaktionen auf den Raum, die in unserer Sichtweise nach außen sind. Für den Raum dankbar zu sein oder darüber nachzudenken sind Reaktionen—du könntest plötzlich den Gedanken haben, die Erkenntnis, dass du das Eine bist. Dann hoffst du, dass du das immer fühlen wirst, es immer realisieren wirst, aber das wirst du nicht. Es ist ein Gedanke oder ein Gefühl, also verblasst es.

Diana: Das ist es, worüber ich geredet habe. Ich will es den Rest meines Lebens fühlen.

Richard: Ich weiß. Wirst du aber nicht. Egal welche Gefühle du über das Eine hast, sie werden verblassen. Weißt du, es ist eigentlich ein Segen, dass sogar die tiefste Erkenntnis darüber, das Eine zu sein, geht, denn wenn du das auf dich nehmen würdest, würde es eine Last werden. Dennoch, wenn eine tiefe, wertvolle Erkenntnis geht, macht sie Raum für etwas Neues. Mit der Zeit wird sogar etwas Tieferes und Bedeutungsvolleres aus dem Einen auftauchen. Wenn du fähig wärest, an einer Erkenntnis festzuhalten, würde sie nur etwas blockieren aufzutauchen, das sogar besser ist, etwas, das dort in dem Geheimnis auf dich wartet!

Kapitel 35

Die Freude ohne einen Schatten

Richard: Wenn du ein Licht auf irgendetwas richtest, wirft es einen Schatten. Ich kann den Schatten von Johns Schuhen dort sehen. Richtet einen Lichtstrahl auf mich und mein Schatten wird auf der Wand hinter mir erscheinen. Alles hat einen Schatten. Wir können genauso sagen, dass jede Freude einen Schatten hat. Alles Gute endet. Selbst wenn es nicht schlecht endet, wird es enden, so dass es in diesem Sinne einen Schatten hat. Etwas ist vielleicht so gut, dass du willst, dass es für immer anhält, aber das tut es nicht. Es gibt den Schatten. Es gibt Enttäuschung im Leben, Leid. Ich denke das ist, worüber der Buddha geredet hat, als er sagte, dass Leben Leiden ist, Leben enttäuschend ist. Alles endet, alles bricht zusammen, jede einzelne Sache fällt schließlich auseinander, jeder geliebte Mensch stirbt. Du als Person wirst sterben. Das ist Wirklichkeit. Ich denke, dass Sehen, wer du wirklich bist, dich dazu bringt, mit dem Leben mitzuhalten. Alles hat einen Schatten. Es ist verständlich, wenn du dich an einem gewissen Punkt deprimiert fühlst, weil alles vorübergeht. Ich denke, wenn du nie eine Art von unterschwelliger Depression und Traurigkeit erlebt hast, dann hast du vielleicht nicht wirklich erkannt, dass alles vorübergeht, dass jeder stirbt. Dies ist die Wirklichkeit. Wenn du das Leben liebst, wenn du jemand liebst, wie kannst du dann nicht an einem gewissen Punkt traurig sein, zu wissen, dass diese Person sterben wird? Alles, was dir lieb ist, wird zu Staub werden.

Aber wir müssen bei dieser Erkennnis nicht stehen bleiben. Geh tiefer und schau hinter diese Depression und Trauer, hinter alles, das kommt und geht und finde, dass wer du wirklich bist, nicht kommt und geht. Tatsächlich, auf eine Art körperlich genauso wie psychisch, wirft dein wahres Selbst keinen Schatten. Was ich meine, ist, wenn du ein Licht auf irgend etwas Einzelnes hier in diesem Raum richtest, wird es einen Schatten auf seinen Hintergrund werfen. Aber jetzt blicke auf die Gesamtansicht. Du richtest das Licht des Bewusstseins darauf, aber die gesamte Ansicht hat keinen Hintergrund, also gibt es nichts, worauf ein Schatten fallen könnte. Dies ist das eine "Ding", das keinen Schatten hat, weil es keinen Hintergrund hat—das Ganze hat keinen Hintergrund. Und wo jedes einzelne Ding kommt und geht, ist unter all diesen zeitlichen Dingen das Sein, das nicht kommt oder geht. Nun hast du die Freude gefunden, die keinen Schatten wirft. Jetzt kannst du diese Wahrheit bewusst in deinem Leben willkommen heißen, diese Freude.

Leute, die sagen: "Ich bin realistisch, das Leben ist beschissen", sind nicht tief genug gegangen. Natürlich kommt und geht jede einzelne Sache, in dem Sinne ist das Leben also "beschissen". Aber wenn du tiefer gehst, wirst du den Ort finden, der nicht beschissen ist, der nicht kommt oder geht. Nun lebe bewusst als das unveränderliche Eine, das Ungeborene und das unsterbliche Licht. Du wirst erkennen, dass dieses Licht dann zurückfließt durch all diese Freuden, die Schatten werfen und sie mit einem anderen Gefühl erfüllt. Du suchst nicht länger nach der Freude, die keinen Schatten wirft, da draußen in den Dingen, die kommen und gehen, weil du sie gefunden hast, wo sie ist, in deiner Mitte. Du hast das, was nicht endet, entdeckt. Daher kannst du nun die Dinge, die kommen und gehen, wertschätzen und wissen, dass sie enden werden, ohne dass ihr Ende katastrophal ist.

Roger: Es ist wunderschön, wenn du all dem Schattenzeug erlaubst hochzukommen, all das Zeug, das wir zurückweisen und siehst, dass es darunter das Göttliche ist.

Richard: Du kannst Mitgefühl für dich selbst und andere empfinden. Ich habe mich vertan, aber was habe ich erwartet? Das Leben hat sich vertan, was habe ich erwartet? Aber das Sein vertut sich nicht. Sein ist die größte Erfolgsgeschichte.

Kapitel 36

Mitgefühl für andere

Kevin: Wenn du "Nein" zu jemand sagst, ist es egal, wie seine Reaktion ist. Sie beeinflusst nicht den, der du wirklich bist.

Richard: Ja, die Reaktion von anderen beeinflusst den Raum nicht. Das ist wichtig und wahr. Aber ich finde, dass Sehen nicht bedeutet, dass ich mich von anderen distanziert fühle. Ich fühle mich zutiefst von anderen mitbetroffen. Natürlich ist das für jeden unterschiedlich. Aber wenn du siehst, wer du bist, siehst du, dass da keine Barriere zwischen dir und anderen ist. Sie sind genau hier in dir. Dein Gesicht ist jetzt meins. Wenn du traurig aussiehst, ist deine Trauer auf eine Art und Weise meine eigene.

Wenn wir uns nicht bewusst sind, dass wir gesichtslos sind und offen, ist es normal, dass man sich unwohl fühlt, wenn uns jemand anschaut. Wir fühlen uns befangen. Im Gegenzug versuchen wir zu vermeiden, andere direkt anzusehen. Wir wollen kein unangenehmes Gefühl bei ihnen verursachen und wir wollen nicht, dass sie uns erwischen, wie wir sie anschauen—zumindest nicht länger als eine Sekunde! Also schauen wir schließlich so gut wie nie jemand fest an, aufmerksam. Man sagt, es gäbe zwei Situationen, bei denen einer jemand anders fest anschaut—entweder wenn er verliebt ist oder wenn einer den anderen umbringen will! Ansonsten ist es tabu. Wenn das der Fall ist, wie können wir wirklich jemand kennen? Ich habe mal in einer Beratungsstelle gearbeitet und einer anderen Beraterin gegenüber erwähnt, dass zu einem der Experimente in unseren Workshops dazugehört, jemand anders anzuschauen und darauf zu achten, dass wir Raum für ihn sind. Die Beraterin sah entsetzt aus. "Ich schaue noch nicht mal meinen Ehemann direkt an, schon gar nicht einen Fremden," antwortete sie.

Aber wenn du siehst, dass du gesichtslos bist, erweckst du die Unschuld und Offenheit des Kindes in dir wieder und du fängst an, andere Leute ohne so viel Befangenheit oder Angst anzusehen. Das ist jedenfalls meine Erfahrung Vielleicht bist du weniger vorbelastet mit dem, was die Leute von dir denken, wenn du aus dem Weg bist, wenn du mehr mit ihnen als mit dir selbst beschäftigt bist. Du findest wie du selbst diese andere Person siehst, auf eine unaufdringliche Art aufnimmst. Ich glaube Sherlock Holmes hat gesagt: "Wenn du etwas finden willst, gibt es nichts besseres als zu schauen!" Nun, wenn du andere kennen willst, gibt es nichts besseres als zu schauen!

Daher glaube ich nicht, dass Sehen, wer du wirklich bist, dich vom Haken lässt, mit anderen verbunden zu sein oder für andere etwas zu empfinden. Tatsächlich ist vielleicht ein Grund dafür, warum die Leute das Sehen ablehnen, wenn sie das tun, weil ihre Intuition ihnen sagt, dass es bedeuten würde, andere näher an sich heranzulassen und damit dann einhergehend ein tieferes Empfinden des Leidens auf der Welt. Eher als eine Art und Weise sich von anderen zu distanzieren, ist Sehen eine immer tiefer gehende Beziehung mit anderen. Obwohl dich als das Eine nichts verletzen kann, wirst du, wenn du als das Eine lebst, gleichzeitig verletzlicher.

Kevin: Das ist kraftvoll.

Laura: Es ist entweder Lieben durch Identität oder Lieben durch das Eine. Deine Kinder durch eine Identität zu lieben oder deine Kinder durch das Eine zu lieben—es ist eine unterschiedliche Sache.

Richard: Das ist wunderschön.

Angela: Findest du, dass du natürlicherweise zwischen diesen Identifikationen hin- und herfließt?

Richard: Ja. Nicht nur, dass ich mein menschliches Selbst nicht loswerden kann, ich will es nicht. Es ist wertvoll. Wenn du dein menschliches Selbst loswerden willst, was sagt das über deine Haltung anderen gegenüber aus? Warum sich mit ihnen abgeben?

Angela: Ja, warum sich mit ihnen abgeben?

Richard: Warum sich mit ihnen abgeben? Du bist zutiefst verbunden und identifiziert mit deinem menschlichen Selbst. Es ist etwas Besonderes und du brauchst es. Das Eine braucht es. Weil wir gelernt haben uns mit unserem menschlichen Selbst zu identifizieren und Verantwortung für diese Person zu übernehmen und ein begrenztes Verständnis dafür zu haben, was es bedeutet, eine Person zu sein, können wir verstehen, was andere Menschen in ihrem Leben durchmachen. Wenn du nicht durch diesen Prozess der Identifizierung gehst, kannst du nicht mitfühlen. Wenn du aufwachst zu dem Einen, vertieft sich dein Mitgefühl, weil du jetzt nicht nur erkennst, dass andere fühlen wie du, obwohl du ihre Gefühle nicht direkt erlebst und sie denken wie du, obwohl du niemals ihre Gedanken erlebst und so weiter—jetzt erkennst du auch, dass sie aus dem Einen heraus blicken, genauso wie du. Das ist sogar ein noch tieferes Mitgefühl, oder? Du weißt genau, wie es ist, wirklich wie sie zu sein, weil es das ist, was du ebenfalls bist.

Kapitel 37

Die Welt besitzen

William: Es gab eine Zeit in meinem Leben, da war ich mir all der Dinge bewusst, die ich nicht hatte. Ich hatte nur ein wenig von all dem, was es zu haben gab. Jetzt habe ich alles. Wenn ich Dale besuche, gehört mir ihr Haus auch!

Dale: Wie siehst's damit aus, den Kredit abzuzahlen?

William: Ich habe eine einzigartige Form von Besitz! Ich besitze dein Haus von hier aus und bezahle keinen Kredit! Egal wohin ich gehe, wenn ich im Flugzeug sitze, ist es mein Flugzeug. Alle Leute an Bord leisten mir Gesellschaft. Es ist wie im Film. Ich besetze die Rollen in meinem Film, so dass sich diese Geschichte entwickeln kann.

Richard: Einmal als ich mit Douglas Harding zusammen reiste, fuhren wir von der Autobahn ab zu einem Cafe und tranken eine Tasse Tee. Douglas fing an darüber zu reden, dass das Cafe auf magische Weise aus dem Nichts hervorkam. Da war es mit der ganzen Belegschaft, bereit uns zu bedienen und alle springen auf und rennen. Du bezahlst ein paar Pfund für einen Kaffee und sieh' mal an, was du für dein Geld bekommst! Ein voll funktionierendes Cafe. Du bist der Raum dafür, daher ist es deins. Aber du musst dir keine Sorgen um die Instandhaltung machen. Sobald du deinen Kaffee ausgetrunken hast, stellst du das Cafe zurück in die Leere. Du faltest es zusammen und stellst es weg. Wenn du es brauchst, holst du es aus der Leere. Wenn du es nicht länger benötigst, stellst du es zurück!

Peter: Wir können alles erschaffen.

Richard: Die Leere kann das. Das Eine kann es. Es ist so spielerisch, so kreativ, so wertschätzend, so reich und liebt den Spaß. Du bist immer zuhause. Ich bin nirgends hingegangen—Dale und ihr alle seid in mir angekommen. Ihr seid meine Gäste, hier in meinem Heim. Dann in kurzer Zeit werdet ihr wieder in der Leere verschwinden und London wird in mir ankommen und London wird mein Gast sein, in meinem Zuhause hier. Das ist für uns alle wahr. Dadurch entsteht ein anderes Gefühl für das Leben, oder? Du bist zuhause, wo immer du auch bist. Das ist die Wahrheit, also sollten wir uns daran gewöhnen!

Peter: Das Leben besucht dich.

Richard: Ja. Es ist erstaunlich, ein Wunder, ein Geschenk. Unglaublich. Wo bist du hergekommen?

Peter: Es fließt durch dich hindurch.

Kapitel 38

Heimkommen

Margaret: Normalerweise sind wir uns des Raumes nicht bewusst, dass wir in diese Richtung nach innen schauen. Normalerweise schauen wir nach außen. Jetzt erweitern wir also unsere Perspektive, um beide Richtungen einzuschließen?

Richard: Ja. Der Säugling schaut nur nach außen, er schaut noch nicht zurück auf sich selbst. Erwachsen zu werden, bedeutet zu lernen, auf sich selbst zurückzublicken vom Standpunkt der anderen aus. Aber wir halten auf der Hälfte des Weges an, bei unserer menschlichen Erscheinung. Ich stelle mir jetzt vor, wie ich durch deine Augen erscheine—in gewisser Hinsicht schaue ich zurück auf mich selbst. Ich stelle mir vor, wie ich von deinem Standpunkt her aussehe. Ich stelle mir Richard hier vor. Wenn ich sehe, wer ich wirklich bin, komme ich den ganzen Weg zurück nach Hause und blicke den ganzen Weg zurück zur Mitte, wo Nichts ist. Ich hatte vorher die richtige Richtung, aber ich habe bei meinem Gesicht Halt gemacht. Jetzt komme ich den ganzen Weg zurück nach Hause zu meinem Nicht-Gesicht. Natürlich gibt es am Ende gar kein hier oder dort. Diese Ausdrücke sind vorläufig. Es gehört beides irgendwie zusammen. Aber weil wir diese Idee von hier und dort haben, können wir jetzt sagen, dass wir den ganzen Weg hierher zurückgelegt haben, den ganzen Weg nach Hause.

Zeigt nochmal nach innen. Jetzt zeigt gleichzeitig nach außen—zwei-seitiges Zeigen. Es ist eine Geste. Wir unterliegen der Illusion, dass da etwas hier in unserer Mitte ist, also lösen wir diese Illusion jetzt auf, indem wir schauen. Wir unterliegen der Illusion, dass wir aus einem Ding hier herausschauen. Wir schauen, um zu sehen, ob das wahr ist.

Margaret: Ich habe es gerade kapiert! Ich denke, was du meinst, ist wahr—wir halten bei unserer Reflektion an, bei unserem Gesicht. Wir halten dort an. Ich glaube nicht, dass ich das jemals richtig

erkannt habe. Du musst da nicht anhalten, du gehst weiter.
Richard: Ja. Den ganzen Weg nach Hause.

Kapitel 39

Zwei Sprachen

Richard: Wenn du siehst, wer du wirklich bist, lernst du in gewisser Hinsicht eine neue Sprache zu sprechen. Bevor du siehst, wer du wirklich bist, bedeutet das Wort "Ich": du als Person. Aber wenn du aufwachst zu dem, der du wirklich bist, erkennst du, dass "Ich" auch "du als das Eine" bedeuten kann. Musst du einen Begriff mit einem anderen austauschen? Musst du die erste Bedeutung des Wortes loswerden, die sich auf dich als Person bezieht, jetzt wo du dir deines wahren Selbst bewusst bist? Nein. Du sprichst jetzt zwei Sprachen. Welche Sprache du sprichst, hängt davon ab, mit wem du redest. Wenn du mit jemandem sprichst, der nichts über sein wahres Selbst weiß, benutzt du das Wort "Ich" nicht dafür, das Eine zu bezeichnen, du benutzt es für dich selbst als Person. In dieser Situation benutze ich das Wort "Ich" in Bezug auf Richard. Aber wenn ich mit jemandem spreche, der sieht, wer er wirklich ist, dann kann ich hin- und herwechseln zwischen den beiden Bedeutungen. Kinder, die mit einem französischen und einem englischen Elternteil aufwachsen, fangen manchmal einen Satz in Französisch an und beenden ihn auf Englisch. Du bewegst dich einfach vor und zurück zwischen den beiden Sprachen. Hiermit ist es das gleiche. Du kannst flexibel sein. Das ist kostbarer und intelligenter als zu denken, dass du bei einer Sprache bleiben musst. Ich sage, dass ich in mein Auto einsteigen werde und mir anschauen werde, wie die Landschaft durch meine Ruhe hindurch zieht. Da hast du's—ich habe den Satz mit Richard, der sich bewegt, angefangen und als das Eine, das sich niemals bewegt, beendet. Warum nicht? Wenn die Person, mit der du sprichst, sieht, wer sie ist, versteht sie dich.

Kevin: Der Gedanke, das Eine zu sein, ist nicht Teil unserer Sprache. Unsere Sprache hat noch nicht aufgeholt. Sie holt jetzt auf.

Richard: Ja, wir lernen eine neue Sprache.

Kevin: Manche Leute höre ich, die sich selbst als "dieser Organismus" bezeichnen, anstatt "Johnny" zu sagen…

Richard: Wenn du erkennst, dass die Erfahrung nicht-sprachlich ist, ist dein Schwerpunkt nicht, es in der Sprache exakt richtig hinzukriegen. Wenn du es versuchst und es exakt richtig hinbekommst, wirst du wie ein Anwalt. "Da steigt Ärger auf." Diese Art zu sprechen, erscheint mir schwerfällig. Du meinst, du bist ärgerlich?

Kapitel 40
Bedingungslose Offenheit

Richard: Wenn ich aus dem Gesichts-Spiel ausgestiegen bin, du aber weiterspielen willst, macht mir das nicht wirklich etwas aus. Wenn du das Gesichts-Spiel spielst, bedeutet das nicht zwingend, dass ich mitspielen muss. Und dass ich nicht mitspiele, ist nicht etwas, das getrennt von dir passiert—ich sehe, wer ich bin, als du und für dich. Ich sehe nicht getrennt von dir.

Sehen, wer du bist, ist unaufdringlich, es zwingt dir nicht irgendetwas auf. Es lässt die Leute sein, wie sie sind und nimmt an, wer sie sind. Der Raum ist bedingungslos offen. Er sagt nicht: "Ich werde so lange offen für dich sein, solange du dich benimmst, solange du nicht das Gesichts-Spiel spielst." Nein. Ich möchte, dass du dich gut benimmst, ich möchte, dass du dir bewusst bist, wer du wirklich bist, aber wenn du nicht tust, was ich möchte, dass du es tust, bin ich immer noch du. Tatsächlich ist es Privatsache, das Gesichts-Spiel nicht zu spielen. Es hängt nicht davon ab, dass andere nicht mitspielen. In gewissem Sinne hat es überhaupt nichts mit anderen zu tun. Du kümmerst dich nur um dich selbst und das war's.

Die meisten Menschen kennen keine andere Art zu sein, abgesehen vom Gesichts-Spiel. Aber wenn jemand sieht, wer er ist, spüren das andere Menschen. Es bedeutet zu lieben. Die anderen Menschen denken sich: "Da hätte ich auch gerne was von." Wenn du dir deiner Offenheit bewusst bist, teilst du diese Offenheit mit—auf deine eigene Art und Weise wirst du diese Offenheit weitergeben.

Sein, wer du wirklich bist, ist vernünftig, es ist gesund. Wenn du siehst, hast du instinktiv Mitgefühl mit anderen, die das Gesichts-Spiel spielen, weil sie sich dieses Schatzes, den sie in sich tragen, nicht bewusst sind. Du bist nicht da und beurteilst sie—"Du spielst das Gesichts-Spiel, ich aber nicht." Es ist nicht mehr "Wir und sie". Du umarmst jeden als dich selbst.

Kapitel 41

Unabhängig vom Gefühl

Hebe deine Hände und erforsche die Ränder deines einzigen Auges. Komplett um dich herum verschwinden deine Hände in dieser riesigen Leere, Stille, Ruhe. Das ist nicht-sprachlich und nicht-emotional. Diese Erfahrung hängt nicht davon ab, ob du dich gut fühlst oder schlecht. Du erkennst einfach nur, dass du deinen Kopf nicht sehen kannst. Es ist einfach eine Tatsache, eine Beobachtung. Diese Neutralität ist ein großartiger Vorteil. Dein wahres Selbst zu sehen, ist nicht von deiner Laune abhängig. Es ist einfach da, was auch immer du gerade fühlst—du siehst deinen Kopf nicht.

Diese Erfahrung kann etwas für dich bedeuten oder nicht. Jemand im Kreis hat vielleicht eine starke, positive Reaktion darauf zu sehen, dass er kopflos ist. "Wow, das ist erstaunlich!" Währenddessen denkt jemand anders: "James scheint es kapiert zu haben, aber ich fühle mich nicht so wie er sich fühlt, also kann ich es nicht kapiert haben." Nein! Du hast es kapiert, aber du hast eine andere Reaktion, das ist alles. Wir unterscheiden zwischen der nicht-sprachlichen, neutralen Erfahrung—du kannst deinen Kopf nicht sehen, du kannst nichts hier sehen—und deiner Reaktion darauf. Die Reaktion von jedem einzelnen wird unterschiedlich sein. Ich bekräftige also den Wert deiner Reaktion, egal wie sie ist. Sogar wenn es "Na und?" ist. Das ist eine stichhaltige Reaktion, oder? Aber du kannst deinen Kopf immer noch nicht sehen. Sogar wenn es nichts für dich bedeutet, kannst du der Erfahrung nicht aus dem Weg gehen! Wirklich?

Mark: Ja.

Richard: Hast du gerade ein "Wow"-Erlebnis?

Mark: Nicht ganz, aber ich fühle mich auf jeden Fall ein bisschen schwindlig!

Kapitel 42

Sehen mit Kindern

James: Wie sieht es aus damit, das Bewusstsein dessen, der wir wirklich sind, mit jüngeren Kindern zu teilen?

Richard: Wir kommen alle aus diesem Raum, aber Säuglinge und Kleinkinder kommen von hier aus, ohne die Komplikation, sich selbst-bewust zu fühlen. In dieser Hinsicht sind sie unsere Lehrer. Wir lehren sie nicht, Aufnahmevermögen zu sein, wir lehren sie, dem menschlichen Klub beizutreten! Das ist unser Job. Wir lehren sie nicht, wer sie wirklich sind—wenn überhaupt, bringen sie uns das bei! Daher würde ich das Thema, das Eine zu sein, mit einem Kind gar nicht zur Sprache bringen. Ein Kind ist damit beschäftigt, dem menschlichen Klub beizutreten, zu lernen, das Gesichts-Spiel zu spielen. Wenn sie natürlich über diese Art Dinge Fragen stellen oder sagen: "Mama, warum habe ich keinen Kopf?", was manchmal passiert und da du weißt, was sie meinen, kannst du ihre Frage in einer mitfühlenden, unterstützenden Art beantworten. Auf verständnisvolle Art. Du entwertest ihre Erfahrung nicht. Wenn du nichts davon wüsstest, wie es ist, kopflos zu sein, würdest du ihre Erfahrung abtun—"Sei nicht dumm." Aber weil du es siehst, kannst du sagen: "Ich weiß, was du meinst, ich kann meinen Kopf auch nicht sehen."

James: Was ist mit Jugendlichen?

Richard: Ich war selbst ein Jugendlicher, als ich darüber gestolpert bin, einige Jugendliche sind also interessiert daran, wer sie wirklich sind. Es gibt also keine allgemeingültige Regel. Aber grundsätzlich sind Jugendliche damit beschäftigt, herauszufinden, wer sie in der Welt sind. Das letzte, was du als Jugendlicher sein willst, ist niemand—du willst jemand sein. Das ist vollkommen passend. Ich habe eine Freundin, deren Mutter war Mitglied einer spirituellen Gruppe, einer "nicht-dualistischen" Advaita-Gruppe. Ihre Mutter wollte das Wort "ich" nicht benutzen, weil es die Philosophie der Gruppe war, dass es kein "ich" gibt. Ansatt zum

223

Beispiel zu sagen, dass du dich ärgerst, musstest du sagen "Ärger entsteht gerade." Jedenfalls benutzte ihre Mutter, da sie das beste tun wollte, das Wort "ich" gegenüber ihrer Tochter nicht. Könnt ihr euch vorstellen, wie verwirrend das war? Meine Freundin sagte, dass es ihr wirklich geholfen hat, als sie zur Kopflosigkeit kam, weil es ihr ermöglichte, die Wirklichkeit ihrer selbst als Person genauso zu akzeptieren, wie die Wirklichkeit ihrer selbst als das Eine. Es war okay, von sich selbst als Person zu denken und das Wort "ich" zu benutzen. Wenn wir unseren Kindern erzählen, dass es kein "ich" gibt, kein Selbst, dass "wir in Wirklichkeit nicht existieren", speichern wir Probleme für sie ab. Das ist offensichtlich, oder?

Wenn dich ein Jugendlicher natürlich danach fragt, so wie ich gefragt habe, als ich ein Jugendlicher war und du weißt, wer du wirklich bist, dann bist du in der großartigen Lage, positiv zu reagieren. Wenn mich irgendjemand danach fragt, egal wie alt derjenige ist, werde ich antworten. Aber sobald ich das Gefühl bekomme, dass sie nichts mehr weiter hören wollen, ziehe ich mich zurück. Ein Kind, ein Erwachsener, ein Jugendlicher, es ist egal. Es ist unproduktiv und nicht respektvoll, dies anderen aufzudrücken. Aber wenn jemand kommt und dich danach fragt, kannst du deinen Fuß von der Bremse nehmen und deine Erfahrungen mit ihm teilen.

Kapitel 43
Ein Fluch wird zum Segen

Ich erfahre das Eine direkt, ich höre über die vielen. Es ist klar für mich, dass ich nicht beweisen kann, dass es andere gibt. Ich weiß nicht sicher, dass du denkst und fühlst usw. Ich weiß nicht sicher, ob du noch existierst, wenn ich dich nicht sehen kann. Ich dachte früher, dass die Wahrheit daher ist, dass du nicht existierst, wenn ich dich nicht sehen kann und dass es kein anderes Bewusstsein außer meinem gibt—es gibt keine weitere Sichtweise aus dem Einen heraus außer meiner Sichtweise. Ich allein bin. Es gibt nur hier und es gibt nur jetzt. Daher dachte ich: "Da das die Wahrheit sein muss, dann muss ich das auch wirklich leben. Es gibt niemanden da draußen, daher muss ich aufhören herumzufantasieren, dass es so wäre. Hör auf damit, Richard!" Aber ein Teil meines Wunsches, frei von der Illusion der anderen zu leben, war nicht einfach ein Wunsch, die Wahrheit zu leben. Ich hoffte auch, dass es, wenn ich den Gedanken der anderen loswerden würde, all meine Probleme lösen würde— weil die anderen das Problem waren. Ich dachte: "Das scheint ein guter Weg vorwärts zu sein—andere ohne irgendein Gefühl anzuschauen, dass da irgendjemand ist oder sogar irgendjemand hier. Dann wird all mein Selbst-Bewusstsein verschwinden und meine ganzen Probleme mit ihm. Kein Selbst, keine anderen, keine Probleme." Ich versuchte es, aber ich konnte es nicht. Ich versagte. Ich konnte den Gedanken an andere oder die Idee von mir selbst nicht loswerden. Das Gefühl der Wirklichkeit von anderen dauerte an. Mein Selbst-Bewusstsein dauerte an.

Ich erkannte, dass ich, obwohl ich sehen konnte, dass es keine anderen gab und akzeptierte, dass das wahr ist, so handelte, als ob da andere wären und ich konnte nicht damit aufhören. Ich handelte, als ob du dort wärst und ich hier. Ich benahm mich, als ob es ein "Wir" gäbe. Ich konnte nicht beweisen, dass es ein "Wir" gibt, aber ich konnte nicht aufhören so zu tun, als ob es wahr und wirklich wäre. Dann dachte ich: "Das Problem hier ist nicht der Gedanke des

225

"Wir", das Problem ist mein Widerstand dagegen. Was geschieht, wenn ich einfach meine Niederlage eingestehe und zugebe, dass ich nicht aufhören kann, so zu handeln? Ich wurde so stark auf diese Art zu sein konditioniert, dass ich nicht damit aufhören kann. Ich kann nicht damit aufhören, so zu tun, als ob ich real wäre, dass andere Leute real sind, andere Orte wirklich sind, andere Zeiten wirklich sind. Anstatt Widerstand zu leisten, werde ich es akzeptieren."

Gleichzeitig fing ich an, meine Erfahrung des Selbst-Bewusstseins genauer zu untersuchen. Auf mein Leben zurückblickend wurde klar, dass ich immer der Raum war, aber dass ich nicht immer schon Richard war—als Säugling haben aus meiner Sicht weder ich noch andere bereits existiert. Als ich ins Kleinkind-Alter und die Kindheit kam, erschienen Richard und andere im Bewusstsein. Sie wurden immer stärker wirklich. Oder ich könnte sagen—da ich die Quelle bin—sie erschienen aus meinem Sein heraus. Ich als das Eine gebar mich selbst und andere. Ich teilte mich in viele auf.

Kierkegaard hat beobachtet, dass das Leben vorwärts gelebt und rückblickend verstanden wird. Ich erkannte, dass das wahr ist. Auf mein Leben zurückblickend konnte ich Bedeutung in Erfahrungen und Erlebnissen sehen, die zu der Zeit wenig oder überhaupt keine Bedeutung für mich gehabt hatten. Abstand verleiht Perspektive, hilft, den Sinn der Dinge zu erkennen. Aber jetzt erkannte ich, dass ich nicht nur auf meine persönliche Entwicklung zurückblicken konnte, die Veränderungen, die ich als Richard durchgemacht hatte und versuchen konnte, einen Sinn in ihnen zu sehen—ich konnte ebenfalls zurückblicken auf die Art und Weise, wie ich mich als das Eine entwickelt hatte, besonders auf die Tatsache, dass ich als das Eine begonnen hatte und mich dann in viele aufteilte. Genau wie ich auf mein persönliches Leben zurückblicken und hinterfragen kann, warum ich etwas Bestimmtes getan habe, versuche, meine unbewussten Gründe zu verstehen, meine versteckten Intentionen, die sich erst jetzt in meinen Handlungen zu erkennen gaben—jetzt, wo ich schließlich sehen kann, wohin die Dinge geführt haben— jetzt begann ich zurückzublicken als das Eine und mich selbst zu fragen: "Warum habe ich als das Eine mich in viele geteilt? Was waren meine unbewussten Absichten, meine versteckten Motive? Was hatte ich gehofft zu erreichen, indem ich vergaß, dass ich das Eine bin und stattdessen einer unter vielen wurde? Warum habe ich das getan, wenn die Anwesenheit von "selbst" und "anderen" sich als so problematisch erwiesen hat? Warum bin ich nicht einfach in meinem ursprünglichen Zustand von Einheit, von Alleinsein geblieben und habe mir diesen Stress erspart?"

Eine Antwort kam zu mir, eingebettet in eine Art Geschichte, einen Mythos des Einen, das viele wurde. Ich habe früher im Workshop darüber gesprochen. Als das Eine erschien ich aus dem Nichts. Ich geschah. Wunder über Wunder! Als ich auf wunderbare Weise das Sein erreicht hatte, wollte ich das Wunder und die Freude, die ich darüber fühlte, mich selbst erschaffen zu haben, teilen, aber es war keiner da, mit dem ich meine Gefühle hätte teilen können—ich alleine war aus dem Nichts entstanden. Nachdem ich also das unmögliche Kunststück, mich selbst aus nichts zu erschaffen, geschafft hatte, machte ich eine zweite erstaunliche Sache—ich erschuf andere, so dass ich jemanden hatte, mit dem ich reden konnte! Diese Erfindung brachte eine Zeitspanne des Vergessens, dass ich das Eine bin, mit sich und ich wurde eine Person—die Stufe des Erwachsenseins. Das war, als ich zutiefst überzeugt von meiner Wirklichkeit als Person und der Wirklichkeit der anderen war und keine Ahnung hatte, dass ich das Eine bin.

Jetzt, auf der vierten Stufe des Sehenden, bin ich immer noch zutiefst mit Richard identifiziert und bin mir immer noch der "anderen" sehr stark bewusst. Aber jetzt sehe ich auch, wer ich wirklich bin. Es gibt auch "andere" in meinem Leben, die ebenfalls sehen, wer sie wirklich sind. Was bedeutet, dass mein ursprünglicher Traum wahr geworden ist. Ich habe erreicht, was ich erreichen wollte—ich bin mit anderen zusammen, mit denen ich meine Freude teilen kann—unsere Freude—über das Sein. Wie hat sich das Eine diese Lösung seines Problems des Alleinseins ausgedacht? Das ist pures Genie. Aber ich glaube, es wusste zu der Zeit gar nicht, was es tat und erst jetzt, durch uns, fängt es an zu sehen und wertzuschätzen, was es getan hat!

Eine Sache, die du willkommen heißt, ist etwas anderes als eine Sache, der du Widerstand entgegen bringst. In gewissem Sinne hat sich nichts geändert. Ich bin genauso identifiziert mit Richard wie immer und überzeugt von der Wirklichkeit der anderen wie schon immer. Mit diesem Gefühl der Trennung kommt Leiden. Was würde ich dafür geben, wenn ich nur zurück könnte zu dem ewigen Frieden und der Ruhe, das Eine zu sein ohne andere! Nun, ich würde überhaupt nichts dafür geben! Ich möchte nicht zurück gehen. Das ist genau, wovon ich weg wollte! Jetzt erkenne ich, dass der Sinn des "Erwachsen-werdens", durch diese leidvolle Erfahrung, eine Person zu werden, hindurchzugehen, darin lag, den Boden für die nächste Stufe des Sehenden zu bereiten. Ich fing an als das Eine ohne andere. Dann vergaß ich, dass ich der Alleinige war und wurde einer unter vielen. Glücklicherweise ging ich weiter und indem ich das Eine wieder entdeckte, verwandelte ich mich in das Eine, das auch viele ist. Mein Traum war, Gesellschaft zu haben. Mein Traum war, das Erstaunen und die Freude, die ich über das Sein empfinde, teilen zu können. Mein Traum ist wahr geworden—den ganzen Tag heute habe ich mit euch das Wunder dessen gefeiert, wer wir wirklich sind. Wie unheimlich klug das Eine ist! Was ich als Problem angesehen habe—mich getrennt zu fühlen—stellte sich als eine der großartigsten Erfindungen des Einen heraus. Indem ich das erkenne, schmilzt mein Widerstand gegen das Gefühl des Getrenntseins. Ich fange an, die Erfahrung des Getrenntseins zu akzeptieren und dann positiv willkommen zu heißen. Der Fluch von "selbst" und "anderen" verwandelt sich in den Segen von "selbst" und "anderen".

Kapitel 44

Das Ende

Es ist das Ende des Workshops! Es war großartig, euch alle zu sein! Es war wundervoll, das Sehen den ganzen Tag als Hauptthema zu haben und ein Vergnügen, unsere unterschiedlichen Reaktionen auf dieses Wunder, das wir sind, zu teilen. Ich hoffe, euch bald wieder zu sehen und auch bald wieder ihr zu sein.

Jetzt werde ich euch zurück in die Leere geben!

Nachwort

Wenn du daran interessiert bist, mehr über den "Kopflosen Weg" zu erfahren, seine Auswirkungen und Anwendungen, ist unsere Internetseite headless.org eine großartige Fundgrube. Dort findest du in unserem Buchladen auch eine Bücherliste.

Es gibt außerdem einen Link auf unserer Webseite zu unserem YouTube-Kanal mit vielen Filmen.

Wenn du daran interessiert bist, andere kennenzulernen, die das Leben von dem aus, der sie wirklich sind, erforschen, haben wir kostenlose online-Videotreffen für Leute, die die Experimente schon gemacht haben und interessiert daran sind, diesen Weg in der Gemeinschaft mit anderen zu erkunden.

Für weitere Informationen kontaktiere bitte Richard unter headexchange@gn.apc.org